《欽定元史語解》探索

（一）

莊 吉 發 著

滿 語 叢 刊

文史哲出版社印行

國家圖書館出版品預行編目資料

《欽定元史語解》探索 / 莊吉發著. -- 初
版. -- 臺北市：文史哲出版社，民 113.05
　冊：　公分 --（滿語叢刊；57-59）
　ISBN 978-986-314-670-4（第 1 冊：平裝）
ISBN 978-986-314-671-1（第 2 冊：平裝）
ISBN 978-986-314-672-8（第 3 冊：平裝）

1.CST:滿語　2.CST:讀本

802.918　　　　　　　　　　　113007290

滿 語 叢 刊　57

《欽定元史語解》探索（一）

著　　者：莊　　　吉　　　發
出 版 者：文 史 哲 出 版 社
　　　　　http://www.lapen.com.tw
　　　　　e-mail:lapen@ms74.hinet.net
登記證字號：行政院新聞局版臺業字五三三七號
發 行 人：彭　　　正　　　雄
發 行 所：文 史 哲 出 版 社
印 刷 者：文 史 哲 出 版 社
　　　　　臺北市羅斯福路一段七十二巷四號
　　　　　郵政劃撥帳號：一六一八〇一七五
　　　　　電話886-2-23511028・傳真886-2-23965656

定價新臺幣六〇〇元

二〇二四年（民一一三）五月初版

ISBN 978-986-314-669-8　　65157

《欽定元史語解》探索

第一冊

目　次

欽定四庫全書

欽定元史語解卷一

解釋姓氏複注蒙古語其中姓氏
人名無解義者俱以蒙
古源流今地名八旗姓氏通譜

元史語解為本語解內但釋

帝名

姓氏

帝名以世次為先後
睿宗以下悉從附錄
帝名以某帝之下后妃
公主則依封國編次
者附馬至標國編次
之處以歸畫一

欽定元史語解
卷一

一

一、《欽定元史語解》帝名

　　《欽定四庫全書・元史》提要指出「元史二百一十卷，明宋濂等奉勅撰，洪武二年詔修《元史》，以濂及王禕為總裁。二月開局天寧寺，八月，書成，而順帝一朝史猶未備，乃命儒士歐陽佑等往北平採其遺事。明年二月，詔重開史局，閱六月，書成，為紀四十七卷，志五十三卷，表六卷，列傳一百十四卷。書始頒行，紛紛然已多竊議。」《元史》主要是據元十三朝實錄及虞集《經世大典》等書編纂而成，雖然體例粗疏，列傳頗多重出，各卷漢字譯名不統一，年代史實有很多錯誤，但保存了不少原始資料。魏源曾就原書輯補成《元史新編》。

　　清高宗以遼、金、元三史人名、地名音譯訛舛，鄙陋失實者多，因命儒臣按《同文韻統》例，概行更錄，以示正其字，而弗易其文。《欽定遼金元三史國語解》四十六卷，乾隆四十七年（1782）奉敕撰。所謂「國語」，即指滿洲語。元以蒙古語為本，《欽定元史語解》以蒙古語正《元史》，以滿洲語解讀《元史》，凡二十四卷，首帝名，附以后妃、皇子、公主。次宮衛，附以軍名。次部族，附以國名。次地理，次職官，次人名皇族，次人名，次名物，共七門。

　　元以蒙古語為本，語解內但釋解義，概不複注蒙古語。其中姓氏、地名、官名、人名，無解義者，俱以《蒙古源流考》、《八旗姓氏通譜》改易字面。其滿洲語、唐古特語、梵語、回語、索倫語等，則逐一複注，對研究《元史》提供

頗多珍貴資料。

　　《欽定元史語解》帝名以世次為先後，溯源始於勃端察爾，睿宗以下悉從附錄。其尊號及廟號，則各附於某帝之下。后妃、皇子亦俱以世系為先後。公主則依封國編次。

《欽定元史語解·帝名》滿漢對照表

順次	滿洲語	漢　字	羅馬拼音	詞　義
1		勃端察爾	bodon car	
2		巴噶哩台哈必癩	bagaritai habici	
3		瑪哈多哈丹	maha dodan	
4		濟農達爾罕	jinung dargan	免差役
5		海都	haidu	滿洲語，身偏

順次	滿洲語	漢　字	羅馬拼音	詞　義
6		拜 星 呼 爾	bai singhūr	
7		敦 巴 該	dumbagai	
8		噶 布 勒 汗	gabul han	
9		巴 爾 木 達	bardam	誇張
10		伊 蘇 依 克	isukei	
11		特 穆 津	temujin	鐵之最 精者
12		青 吉 斯	cinggis	
13		諤 格 依 德	ūgedei	上

順次	滿洲語	漢　字	羅馬拼音	詞　義
14		庫裕克	kuyuk	伶俐
15		孟克	mūngke	經常
16		呼必賚	hūbilai	變化
17		色辰	secen	聰明
18		特穆爾	temur	鐵
19		諤哲勒圖	ūljeitu	有壽
20		哈尚	hašang	遲鈍
21		庫魯克	kuluk	超眾

順次	滿洲語	漢　字	羅馬拼音	詞　義
22		阿裕爾巴里巴特喇	ayur bali batra	梵語，壽威好
23		布延圖	buyantu	有福
24		碩迪巴拉	šodi bala	梵語，清淨守護
25		格根	gegen	明
26		伊蘇特穆爾	isu temur	九鐵
27		和實拉	hosila	有力
28		胡克土圖	kūtuktu	再來人

順次	滿洲語	漢　字	羅馬拼音	詞　義
29		圖卜 特穆爾	tob temur	正鐵
30		濟雅圖	jiyatu	有命
31		伊埒 哲伯	ile jebe	明顯梅 金十箭
32		托歡 特穆爾	tohon temur	釜鐵
33		圖類	tulei	替
34		伊克 諾延	ike noyan	大官長
35		珍戩	jenjiyan	唐古特語， 有恩
36		噶瑪拉	g'amala	梵語， 蓮花葉

順次	滿洲語	漢　字	羅馬拼音	詞　義
37		達爾瑪巴拉	darma bala	梵語，法守護
38		阿倫果斡	arun gowa	潔淨美好
39		摩納倫	monalun	
40		諤楞	ūlen	雲
41		布爾特格勒津	burtegeljin	
42		和拉袞	hola gun	遠深
43		果勒濟雅坦	gool jiyatan	有河命

順次	滿洲語	漢　字	羅馬拼音	詞　義
44		托果斯	togos	孔雀
45		特穆倫	temulun	鐵
46		琳沁 巴勒	rincin bal	唐古特語， 寶威
47		巴延 呼圖克	bayan hūtuk	富福
48		呼蘭	hūran	集聚
49		哈勒 巴津	halbajin	溫和
50		伊實 琳沁	isi rincin	唐古特語， 智慧寶
51		托歡 徹爾	tohon cer	釜潔淨

順次	滿洲語	漢　字	羅馬拼音	詞　義
52		伊　蘇	isu	九
53		和　拉 哈　喇	hola hara	遠 黑色
54		阿　齊　蘭	acilan	孝
55		圖　勒 古　爾	tulgūr	初
56		徹　爾	cer	潔淨
57		阿　實　克 默　色	asik mese	利器械
58		諤　勒　哲 呼　圖　克	ūljei hūtuk	壽福
59		伊　蘇　肯	isuken	九

順次	滿洲語	漢　字	羅馬拼音	詞　　義
60		琿 塔 噶	hūntaga	酒杯
61		哈 達	hada	山峰
62		諤勒哲 和 斯	ūljei hos	壽雙
63		雅 爾	yar	唐古特語， 上
64		呼 實 罕	hūsihan	滿洲語， 女裙
65		伊 津	ijin	滿洲語， 經
66		伊 埒 呼 圖 克	ile hūtuk	明顯福
67		徹 辰	cecen	聰明
68		哈 喇 沁	haracin	瞭望人

順次	滿洲語	漢　字	羅馬拼音	詞　義
69		呼 嚕 古 低	hūrugūdai	有手指
70		呼 鼐 古 爾	hūlugūr	缺耳人
71		拉 拜	labai	硨磲
72		托 歡	tohon	釜
73		諤 勒 哲	ūljei	壽
74		諤 勒 哲 台	ūljeitai	有壽
75		納 蘭	naran	日
76		瑪 爾 沁	mar cin	唐古特語， 紅色大
77		索 隆 噶	solongga	虹

順次	滿洲語	漢字	羅馬拼音	詞義
78		巴拜岱	babaidai	有寶貝
79		巴喇嘎沁	baragacin	管理什物人
80		托里格依訥	toli geine	照鏡
81		昂哈	angha	起初
82		克勒奇庫塔納	kelkiku tana	串東珠
83		塔納奇納	tana kina	東珠作
84		額吉爾納	ergina	旋轉

順次	滿洲語	漢　字	羅馬拼音	詞　義
85		烏拉海 額實	ulahai esi	微紅柄
86		呼爾察	hūrca	敏捷
87		呼圖 克台	hūtuktai	有福
88		約索爾	yosor	仍舊
89		楚巴	cuba	滿洲語， 女齊肩 朝褂
90		莽資 呼圖克	manglai hūtuk	首先福
91		布濟克	būjik	舞

順次	滿洲語	漢　字	羅馬拼音	詞　義
92		圖　古 哩　克	tugurik	圓
93		徹伯爾	ceber	潔淨
94		諾爾布	norbu	唐古特語， 寶
95		塔喇海	tarahai	毛稀
96		諾木歡	nomhon	滿洲語， 循良
97		巴　延 烏　珍	bayan ujen	滿洲語， 富穩重
98		庫庫楞	kukulen	青色
99		蘇　喀 達　實	suk'a dasi	梵語，安 唐古特語， 吉祥
100		安濟蘇	anjisu	犁

順次	滿洲語	漢　字	羅馬拼音	詞　義
101		巴哈　拜斯	babai has	寶貝玉
102		薩巴罕	sabahan	器度
103		烏古　爾納	urgūna	滋生
104		布爾罕	burhan	佛
105		克庫　勒奇塔納	kelkiku tana	串東珠
106		實達　哩喇	siri dara	梵語，威救度
107		珍格	jenge	唐古特語，恩福

順次	滿洲語	漢　字	羅馬拼音	詞　義
108		蘇實　喀哩	suk'a siri	梵語，安威
109		諤哲　勒低	ūljeidai	有壽
110		阿實　達南哩	ananda siri	梵語，阿難威
111		達實　瑪爾哩	darma siri	梵語，法威
112		蘇巴　喀拉	suk'a bala	梵語，安守護
113		雅呼　本圖克	yabun hūtuk	行福

順次	滿洲語	漢　字	羅馬拼音	詞　義
114		多爾濟 巴　勒	dorji bal	唐古特語， 金剛威
115		巴　拜斯 哈	babai has	寶貝玉
116		呼　喇	hūra	雨
117		伊　蘇	isu	九
118		薩　都拉 巴	sadu bala	梵語， 心守護
119		布　延 庫　哩頁 額　實	buyan kuriye esi	福 範圍 授記

順次	滿洲語	漢　字	羅馬拼音	詞　義
120		實　喇　特　穆　爾	sira temur	黃色 鐵
121		塔　納	tana	東珠
122		巴　罕	bahan	些須
123		蘇　喀　達　喇	suk'a dara	梵語， 安救渡
124		明　埒　克　和　塔　拉	ming lek hotala	唐古特語， 好名 普遍
125		溫　綽　寬	oncokon	滿洲語， 微寬
126		伊　埒　實　克	ile sik	明顯 相似

順次	滿洲語	漢　字	羅馬拼音	詞　義
127		布延 呼圖克	buyan hūtuk	福
128		班爾 布實	bambursi	一歲熊
129		瑪里達	malida	梵語， 花名
130		托果斯	togos	孔雀
131		布實 達哩	buda siri	梵語， 佛威
132		塔哩雅 圖黙色	tariyatu mese	有田器 械

順次	滿洲語	漢　字	羅馬拼音	詞　義
133		喇特 納 實 哩	ratna siri	梵語， 寶威
134		牟 尼 實 哩	moni siri	梵語， 能威
135		巴 延 呼 圖克	bayan hūtuk	富福
136		諤勒哲 呼 圖克	ūljei hūtuk	壽福
137		繅勒噶 塔 納	saolga tana	桶東珠
138		瑪 實	masi	甚

順次	滿洲語	漢　字	羅馬拼音	詞　義
139		伯奇 音濟齊	beki injici	堅固 媵人
140		庫克沁 克	kukekcin	乙
141		阿恰色 黙	aciya mese	馱子 器械
142		布延爾實 徹額	buyan cer esi	福 潔淨 授記
143		巴克該 巴	bakbagai	蝙蝠
144		哈尚罕 尚	hašang han	彌勒佛
145		塔濟	taji	閃緞

順次	滿洲語	漢　字	羅馬拼音	詞　義
146		楚格　齊爾	cuciger	直立
147		哈　準	hajun	滿洲語，犁刀
148		特穆爾　鄂綽克	temur ocok	三角鐵灶
149		鄂齊爾　諾延	ocir noyan	金剛官長
150		伯格　勒台	belgetai	有吉兆
151		卓　沁	jocin	客
152		察罕台	cagantai	有白色
153		烏拉齊	ulaci	驛站人

順次	滿洲語	漢　字	羅馬拼音	詞　義
154		科爾戩	kor jiyan	唐古特語，有法輪
155		奎騰	kuiten	冷
156		庫春	kucun	力
157		哈喇徹爾	hara cer	黑色潔淨
158		哈斯	has	玉
159		哈坦	hatan	性暴
160		默呼	mere	滿洲語，蕎麥
161		永隆	yungrung	唐古特語，卍字
162		呼察	hūca	未騸羊
163		諾果	nogo	菜蔬

順次	滿洲語	漢　字	羅馬拼音	詞　義
164		和　和	hoho	滿洲語，豆角
165		呼　爾都　圖	hūrdutu	有急快
166		錫里庫	siliku	選拔
167		額　呼布　格	ere būge	男巫
168		博　綽	boco	滿洲語，顏色
169		默　格	mege	
170		蘇　都勒　噶	sudulga	令其通達
171		蘇布　特	subut	珍珠
172		巴　爾圖	bartu	有虎
173		烏蘇岱	ūsudai	有髮

順次	滿洲語	漢　字	羅馬拼音	詞　義
174		永　隆 喇　寶	yungrung rasi	唐古特語， 卍吉祥
175		錫里濟	siliji	選拔
176		瓊　都	bindu	字圈
177		阿寶達	asida	常
178		多　爾　濟	dorji	唐古特語， 金剛
179		莽　噶 拉　木	manggalam	梵語， 吉祥
180		諾木罕	nomhon	循良
181		和　克　齊	hokci	司產人
182		阿　雅 噶　齊	ayagaci	執椀人

順次	滿洲語	漢　字	羅馬拼音	詞　義
183		鄂囉齊	oroci	候缺人
184		庫庫楚	kukucu	藍靛
185		托歡	tohon	釜
186		和塔拉特穆爾	hotala temur	普遍鐵
187		特默齊	temeci	牧駝人
188		薩克繖	saksan	滿洲語，麵塔
189		德勒格爾布哈	delger buha	開廣牡牛
190		阿穆爾克	amur ke	安華麗

順次	滿洲語	漢　字	羅馬拼音	詞　義
191		古哈 特布 諤斯	ūtegus buha	年老牤牛
192		濟巴 阿勒 雅	aljiyaba	已乏
193		瑪爾布 巴特雅藏 布	batma yar dzangbu	唐古特語， 蓮花上 好
194		錫錫	sisi	高粱
195		丹布 允藏	yundan dzangbu	唐古特語， 才能好
196		納喇 喇特 達	ratna dara	梵語， 寶救渡

順次	滿洲語	漢　字	羅馬拼音	詞　義
197		雅克特古斯	yak tegus	結實 雙
198		古嚕達喇	guru dara	梵語，僧救渡
199		阿裕爾實達哩喇		梵語，壽威救渡
200		托摩倫	tomoron	言語 清楚
201		噶沁必濟	g'acin biji	唐古特語，大喜婦人
202		伊喇奇斯	ikiras	古部名
203		察喇	cara	注酒器

順次	滿洲語	漢　字	羅馬拼音	詞　義
204		安　圖	antu	滿洲語， 山陽
205		烏爾戩	urjiyan	唐古特語， 裝嚴
206		伊蘇展	isu jan	九象
207		魯爾干	lur g'an	唐古特語， 緊要年老
208		羅壘	loloi	唐古特語， 智慧
209		巴雅爾	bayar	喜
210		布呼齊	bureci	吹海螺人
211		布延 庫哩頁實 額	buyan kuriye esi	福 範圍 授記

順次	滿洲語	漢　字	羅馬拼音	詞　義
212		伊勒 噶雅	ilgaya	欲辨別
213		滿達勒	mandal	壇
214		雅克 哈雅	yak haya	結實 山墻
215		伊嚕勒	irul	福分
216		紐掄	nioron	滿洲語， 虹
217		阿拉克 必濟	alak biji	花斑 婦人
218		塔瑪噶	tamaga	印
219		伊埒	ile	明顯
220		伊埒 黙色	ile mese	明顯 器械

順次	滿洲語	漢　字	羅馬拼音	詞　義
221		呼圖克 坦黙色	hūtuktan mese	有福分 器械
222		阿裕爾 實哩	ayur siri	梵語， 壽威
223		琳沁	rincin	唐古特語， 寶
224		阿實克 圖嚕	asik turu	利 頭目
225		僧格 巴勒	sengge bal	唐古特語， 獅子威
226		伊蘇 布哈	isu buha	九牤牛
227		色徹肯	seceken	略聰明

順次	滿洲語	漢　字	羅馬拼音	詞　義
228		諤勒哲	ūljei	壽
229		囊嘉特章	nanggiyat jang	漢人性情
230		納木巴喀拉	namk'a bala	天守護
231		僧格喇實	sengge rasi	唐古特語,獅子吉祥
232		博諾	bono	滿洲語,雹
233		多爾濟巴勒	dorji bal	唐古特語,金剛威
234		博迪蘇	bodisu	滿洲語,菩提子

順次	滿洲語	漢　字	羅馬拼音	詞　義
235		台　呼 布　延　圖	taihū buyantu	祭祀 有福
236		蘇　呼　肯	sureken	滿洲語， 略聰明
237		鄂　克　沁	okcin	滿洲語， 蓋
238		布　爾　罕	burhan	佛
239		庫　庫　楞	kukulen	青色
240		圖　們　婁	tumen luo	萬龍
241		昂　吉 拜　呼	anggi baihū	有隊伍
242		徹　辰	cecen	聰明

順次	滿洲語	漢　字	羅馬拼音	詞　義
243		孟古台	munggutai	有銀
244		咱巴　雅拉	dzaya bala	勝守護
245		伊哈　埒屯	ile hatun	明顯 王妃
246		巴嚕　克爾　巴	bakbagar	矬胖
247		巴徹　拜爾	babai cer	寶貝 潔淨
248		多　爾斯　濟滿	dorji sman	唐古特語，金剛藥

順次	滿洲語	漢　字	羅馬拼音	詞　義
249		呼圖克 濟延 額實	hūtuk jiyan esi	福命 授記
250		布實達哩	buda siri	梵語， 佛威
251		琳沁巴勒	rincin bal	唐古特語， 寶威
252		戩通	jiyan tung	唐古特語， 目看
253		額斯倫	esrun	梵天
254		綽斯滿	cosman	古部名
255		特默根	temegen	駝

順次	滿洲語	漢　字	羅馬拼音	詞　義
256		巴　延 章	bayan jang	富性情
257		伊　埒肯	ileken	微明顯
258		多　羅干	dologan	七
259		圖　烈	tuliye	燒柴
260		巴　拜	babai	寶貝
261		題　卜	tib	部州
262		和　拉	hola	遠
263		庫庫罕	kukuhan	微青色
264		托　克 托　呼	toktohū	定

順次	滿洲語	漢　字	羅馬拼音	詞　義
265		諤哲　勒台	ūljeitai	有壽
266		托托　克和	toktoho	滿洲語， 定
267		布實　達哩	buda siri	梵語， 佛威
268		瑪　摩	mamo	唐古特語， 女神
269		阿爾台	artai	有花紋
270		穆達哩	mudari	滿洲語， 當日回來
271		舒德　蘇濟	šusu deji	廩給 上分
272		阿克　實圖	asiktu	有利

順次	滿洲語	漢　字	羅馬拼音	詞　義
273		實　哩 達　喇	siri dara	梵語， 威救渡
274		阿　勒　哈	alha	滿洲語， 閃緞
275		果　戩	g'o jiyan	唐古特語， 頭粧飾
276		塔　瑪　噶	tamaga	印
277		巴　古	bagū	令下
278		呼　圖　克 庫　哩　頁 額　實	hūtuk kuriye esi	福 範圍 授記
279		布　拉 噶　沁	bulagacin	捕貂鼠人

順次	滿洲語	漢　字	羅馬拼音	詞　義
280		布徹額　延爾寶	buyan cer esi	福 潔淨 授記
281		喇巴　特納拉	ratna bala	梵語， 寶守護
282		巴　勒丹	baklan	唐古特語， 威全
283		蘇巴　喀拉	suka bala	梵語， 安守護
284		察　球爾	cakior	火石
285		布尼雅	buniya	梵語， 福
286		布達拉	budala	普陀山

順次	滿洲語	漢　字	羅馬拼音	詞　義
287		托巴 歡圖	tohon batu	釜結實
288		徹特 爾穆爾	cer temur	潔淨 鐵
289		努音濟 爾遜	nur yen jisun	面色
290		達賚格	dalai	海
291		僧嘉 格勒	sengge jiyan	唐古特語，獅子勝
292		哈達罕	hadahan	滿洲語，橛

順次	滿洲語	漢　字	羅馬拼音	詞　義
293		伊埒鄂端	ile odon	明顯星
294		博囉章	boro jang	青色性情
295		布德延濟	buyan deji	福上分

資料來源：《欽定四庫全書》，「史部」，《欽定元史語解》，
　　卷一。

　　《欽定元史語解》卷一「帝名」，附「后妃」、「皇
子」、「公主」。「帝名」以世次為先後，始於勃端察
爾，睿宗以下悉從附錄，尊號及廟號，各附於某帝之下。
「后妃」、「皇子」亦俱以世系為先後，「公主」則依封
國編次。表中勃端察爾，蒙古語讀如 "botoncar"，卷一作
「孛端乂兒」，是元始祖名。巴噶哩台哈必齊，蒙古語讀
如 "bagaritaihabici"，卷一作「八林昔黑剌禿合必畜」，
是二世祖名。瑪哈多丹，蒙古語讀如 "maha dodan"，卷
一作「咩撚篤敦」，是三世祖名。濟農達爾罕，蒙古語讀
如 "jinung dargan"，「濟農」，意即「名號」，「達爾
罕」，意即「凡有勤勞免其差役」，卷一〇七作「既拏篤

兒罕」，是四世祖名。海都，滿洲語讀如 "haidu"，意即「身偏」，卷一作「海都」，是五世祖名。拜星呼爾，蒙古語讀如 "bai singhūr"，卷一作「拜姓忽兒」，是六世祖名。敦巴該，蒙古語讀如 "dumbagai"，卷一作「敦必乃」，是七世祖名。噶布勒汗，蒙古語讀如 "gabulhan"，卷一作「葛不律寒」，是八世祖名。巴爾達木，蒙古語讀如 "bardam"，意即「誇張」，卷一作「八哩丹」，是九世祖名。伊蘇克依，蒙古語讀如 "isukei"，卷一作「也速該」，是烈祖名。

　　特穆津，蒙古語讀如 "temujin"，意即「鐵之最精者」，卷一作「鐵木真」，是太祖名。青吉斯，蒙古語讀如 "cinggis"，卷一作「成吉思」，是太祖尊號。諤格德依，蒙古語讀如 "ūgedei"，意即「上」，卷一作「窩濶台」，是太宗名。庫裕克，蒙古語讀如 "kuyuk"，意即「伶俐」，卷二作「貴由」，是定宗名。孟克，蒙古語讀如 "mūngke"，意即「經常」，卷二作「蒙哥」，是憲宗名。呼必賚，蒙古語讀如 "hūbilai"，意即「變化」，卷三作「忽必烈」，是世祖名。色辰，蒙古語讀如 "secen"，意即「聰明」，卷十七作「薛禪」，是世祖尊號。特穆爾，蒙古語讀如 "temur"，意即「鐵」，卷六作「鐵穆爾」，卷十八作「鐵穆耳」，是成宗名。諤勒哲圖，蒙古語讀如 "ūljeitu"，意即「有壽」，卷二十一作「完澤篤」，是成宗廟號。哈尚，蒙古語讀如 "hašang"，意即「遲鈍」，卷二十作「海山」，是武宗名。庫魯克，蒙古語讀如 "kuluk"，意即「超眾」，卷二十三作「曲律」，武宗廟號。阿裕爾巴里巴特喇，梵語「阿裕爾」讀如 "ayur"，

意即「壽」，「巴里」讀如 "bali"，意即「威」，「巴特喇」讀如 "batra"，意即「好」，卷二十二作「愛育黎拔力八達」，是仁宗名。布延圖，蒙古語讀如 "buyantu"，意即「有福」，卷二十六作「普顏篤」，是仁宗廟號。

碩迪巴拉，梵語「碩迪」讀如 "šodi"，意即「清淨」，「巴拉」讀如 "bala"，意即「守護」，卷二十四作「碩德八剌」，是英宗名。格根，蒙古語讀如 "gegen"，意即「明」，卷二十八作「格堅」，是英宗廟號。伊蘇特穆爾，蒙古語「伊蘇」讀如 "isu"，意即「九」，「特穆爾」讀如 "temur"，意即「鐵」，卷二十一作「也孫鐵木兒」，是泰定帝名。和實拉，蒙古語讀如 "hosila"，意即「有力」，卷二十二作「和世瓎」，是明宗名。胡土克圖，蒙古語讀如 "kūtuktu"，意即「再來人」，卷三十三作「護都篤」，是明宗廟號。圖卜特穆爾，蒙古語「圖卜」讀如 "tub"，意即「正」，「特穆爾」讀如 "temur"，意即「鐵」，卷三十一作「圖帖睦爾」，是文宗名。濟雅圖，蒙古語讀如 "jiyatu"，意即「有天命之命」，卷三十六作「札牙篤」，是文宗廟號。伊埒哲伯，蒙古語「伊埒」讀如 "ile"，意即「明顯」，「哲伯」讀如 "jebe"，意即「梅針箭」，卷三十一作「懿璘質班」，是寧宗名。托歡特穆爾，蒙古語「托歡」讀如 "tohon"，意即「釜」，「特穆爾」讀如 "temur"，意即「鐵」，卷三十一作「妥懽帖木爾」，是順帝名。

圖類，蒙古語讀如 "tulei"，意即「替」，卷一作「拖雷」，是睿宗名。伊克諾延，蒙古語「伊克」讀如 "ike"，意即「大」，「諾延」讀如 "noyan"，意即「官

長」，卷七十四作「也可那顏」，是睿宗尊號。珍戩，唐古特語讀如 "jenjiyan" ，意即「有恩」，卷四作「真金」，是裕宗名。噶瑪拉，梵語讀如 "g'amala" ，意即「蓮花葉」，卷十六作「甘麻剌」，是顯宗名。達爾瑪巴拉，梵語「達爾瑪」讀如 "darma" ，意即「法」，「巴拉」讀如 "bala" ，意即「守護」，卷二十二作「答剌麻八剌」，是順宗名。

　　表中后妃阿倫果斡，蒙古語「阿倫」讀如 "arun" ，意即「潔淨」，「果斡」讀如 "gowa" ，意即「美好」，卷一作「阿蘭果火」。摩納倫，蒙古語讀如 "monalun" ，卷一作「莫拏倫」。諤楞，蒙古語讀如 "ūlen" ，意即「雲」，卷一作「月倫」。布爾特格勒津，蒙古語讀如 "burtegeljin" ，卷一〇六作「孛兒台旭真」，卷一一八作「孛兒台」，係一人。和拉袞，蒙古語「和拉」讀如 "hola" ，意即「遠」，「袞」讀如 "gun" ，意即「深」，卷一〇六作「忽魯渾」。果勒濟雅坦，蒙古語「果勒」讀如 "gool" ，意即「河」，「濟雅坦」讀如 "jiyatan" ，意即「有命」，卷一〇六作「潤里桀担」。托果斯，蒙古語讀如 "togos" ，意即「孔雀」，卷一〇六作「脫忽思」。特穆倫，蒙古語讀如 "temulun" ，即「特穆爾」，意即「鐵」，卷一〇六作「帖木倫」。琳沁巴勒，唐古特語「琳沁」讀如 "rincin" ，意即「寶」，「巴勒」讀如 "bal" ，意即「威」，卷一〇六作「亦憐真八剌」。巴延呼圖克，蒙古語「巴延」讀如 "bayan" ，意即「富」，「呼圖克」讀如 "hūtuk" ，意即「福」，卷一〇六作「不顏渾禿」。呼蘭，蒙古語讀如 "hūran" ，意即「集聚」，卷一〇六作「忽蘭」。哈勒巴津，蒙古語讀如

"halbajin"，意即「溫和」，卷一〇六作「哈兒八真」。

伊實琳沁，唐古特語「伊實」讀如"isi"，意即「智慧」，「琳沁」讀如"rincin"，意即「寶」，卷一〇六作「亦乞剌真」。托歡徹爾，蒙古語「托歡」讀如"tohon"，意即「釜」，「徹爾」讀如"cer"，意即「潔淨」，卷一〇六作「脫忽茶兒」。伊蘇，蒙古語讀如"isu"，意即「九」，卷一〇六作「也速」。和拉哈喇，蒙古語「和拉」讀如"hola"，意即「遠」，「哈剌」讀如"hara"，意即「黑色」，卷一〇六作「忽魯哈剌」。阿齊蘭，蒙古語讀如"acilan"，意即「孝」，卷一〇六作「阿失倫」。圖勒古爾，蒙古語讀如"tulgūr"，意即「初」，卷一〇六作「禿兒哈剌」。徹爾，蒙古語讀如"cer"，意即「潔淨」，卷一〇六作「察兒」。阿實克默色，蒙古語「阿實克」讀如"asik"，意即「利」，「默色」讀如"mese"，意即「器械」，卷一〇六作「阿昔迷失」。

諤勒哲呼圖克，蒙古語「諤勒哲」讀如"ūljei"，意即「壽」，「呼圖克」讀如"hūtuk"，意即「福」，卷一〇六作「完者忽都」。伊蘇肯，蒙古語讀如"isuken"，意即「九」，卷一〇六作「也速干」。琿塔噶，蒙古語讀如"hūntaga"，意即「酒杯」，卷一〇六作「忽答罕」。哈達，蒙古語讀如"hada"，意即「山峰」，卷一〇六作「哈答」。諤勒哲和斯，蒙古語「諤勒哲」讀如"ūljei"，意即「壽」，「和斯」讀如"hos"，意即「雙」，卷一〇六作「斡者忽思」。雅爾，唐古特語讀如"yar"，意即「上」，卷一〇六作「燕里」。呼實罕，滿洲語讀如"hūsihan"，意即「女裙」，卷一〇六作「忽勝海」。伊

津，滿洲語讀如 "ijin"，意即「經緯之經」，卷一〇六作「也真」。伊埒呼圖克，蒙古語讀如 "ile hūtuk"，意即「明顯福」，卷一〇六作「也里忽禿」。徹辰，蒙古語讀如 "cecen"，意即「聰明」，卷一〇六作「察真」。哈喇沁，蒙古語讀如 "haracin"，意即「瞭望人」，卷一〇六作「哈剌真」。呼嚕古岱，蒙古語讀如 "hūrugūdai"，意即「有手指」，卷一〇六作「渾魯忽歹」。呼魯古爾，蒙古語讀如 "hūlugūr"，意即「缺耳人」，卷一〇六作「忽魯灰」。拉拜，蒙古語讀如 "labai"，意即「硨磲」，卷一〇六作「剌伯」。托歡，蒙古語讀如 "tohon"，意即「釜」，卷一〇六作「禿干」。

　　諤勒哲，蒙古語讀如 "ūljei"，意即「壽」，卷一〇六作「完者」。諤勒哲台，蒙古語讀如 "ūljeitai"，意即「有壽」，卷一〇六作「完者台」。納蘭，蒙古語讀如 "naran"，意即「日」，卷一〇五作「奴倫」。瑪爾沁，唐古特語讀如 "mar cin"，意即「紅色大」，卷一〇六作「卯真」。索隆噶，蒙古語讀如 "solongga"，意即「虹」，卷一〇六作「鎖郎哈」。巴拜岱，蒙古語讀如 "babaidai"，意即「有寶貝」，卷一〇六作「八不別歹」。巴喇噶沁，蒙古語讀如 "baragacin"，意即「管理什物人」，卷一〇六作「孛剌合真」。托里格依訥，蒙古語「托里」讀如 "toli"，意即「鏡」，「格依訥」讀如 "geine"，意即「照」，卷一〇六作「脫列哥那」。昂哈，蒙古語讀如 "angha"，意即「起初」，卷一〇六作「昂灰」。克勒奇庫塔納，蒙古語「克勒奇庫」讀如 "kelkiku"，意即「串」，「塔納」讀如 "tana"，意即「東珠」，卷一〇

六作「乞里吉忽帖尼」。塔納奇納，蒙古語「塔納」讀如"tana"，意即「東珠」，「奇納」讀如"kina"，意即「作」，卷一〇六作「禿納吉納」。額爾吉納，蒙古語讀如"ergina"，卷一〇六作「業里訖納」。烏拉海額實，蒙古語「烏拉海」讀如"ulahai"，意即「微紅」，「額實」讀如"esi"，意即「柄」，卷一〇六作「幹兀立海迷失」。呼爾察，蒙古語讀如"hūrca"，意即「敏捷」，卷一〇六作「火里差」。呼圖克台，蒙古語讀如"hūtuktai"，意即「有福」，卷一〇六作「忽都台」，卷一一八作「忽台」，係一人。約索爾，蒙古語讀如"yosor"，意即「仍舊」，卷一〇六作「也速兒」。

　　楚巴，滿洲語讀如"cuba"，意即「女齊肩朝褂」，卷一〇六作「出平」。莽賚呼圖克，蒙古語「莽賚」讀如"manglai"，意即「首先」，「呼圖克」讀如"hūtuk"，意即「福」，卷一〇六作「明里忽都魯」。布濟克，蒙古語讀如"būjik"，意即「舞」，卷三十八作「別吉」。圖古哩克，蒙古語讀如"tugurik"，意即「圓」，卷四作「帖古倫」。徹伯爾，蒙古語讀如"ceber"，意即「潔淨」，卷一〇六作「察必」。諾爾布，唐古特語讀如"norbu"，意即「寶」，卷一〇六作「喃必」。塔喇海，蒙古語讀如"tarahai"，意即「毛稀」，卷一〇六作「塔剌海」。諾木歡，滿洲語讀如"nomhon"，意即「循良」，卷一〇六作「奴罕」。巴延烏珍，滿洲語「巴延」讀如"bayan"，意即「富」，「烏珍」讀如"ujen"，意即「穩重」，卷一〇六作「伯要兀真」。庫庫楞，蒙古語讀如"kukulen"，意即「青色」，卷一〇六作「闊闊倫」。蘇喀達實，梵語

「蘇喀」讀如"suk'a"，意即「安」，唐古特語「達實」
讀如"dasi"，意即「吉祥」，卷一〇六作「速哥答思」。
安濟蘇，蒙古語讀如"anjisu"，意即「犁」，卷四作「幹
者思」。巴拜哈斯，蒙古語「巴拜」讀如"babai"，意即
「寶貝」，「哈斯」讀如"has"，意即「玉」，卷一〇
六作「八八罕」。薩巴罕，蒙古語讀如"sabahan"，意
即「器度」，卷一〇六作「撒不忽」。烏爾古納，蒙古語
讀如"urgūna"，意即「孿生」，卷四作「几魯忽乃」。
布爾罕，蒙古語讀如"burhan"，意即「佛」，卷一〇六
作「卜魯罕」。克勒奇庫塔納，蒙古語「克勒奇庫」讀如
"kelkiku"，意即「串」，「塔納」讀如"tana"，意即
「東珠」，卷一〇六作「乞里吉忽帖尼」。

　　實哩達喇，梵語「實哩」讀如"siri"，意即「威」，
「達喇」讀如"dara"，意即「救渡」，卷一〇六作「失憐
答里」。珍格，唐古特語讀如"jenge"，意即「恩福」，
卷九十五作「真哥」。蘇喀實哩，梵語讀如"suk'a siri"，
意即「安威」，卷一〇六作「速哥失里」。諤勒哲岱，蒙
古語讀如"ūljeidai"，意即「有壽」，卷九十五作「完者
台」，卷一〇六作「完者歹」。阿南達實哩，梵語「阿
南達」讀如"ananda"，意即「阿難」，「實哩」讀如
"siri"，意即「威」，卷一〇六作「阿納失舍里」，卷一
一四作「阿納失失里」，係一人。達爾瑪實哩，梵語「達爾
瑪」讀如"darma"，意即「法」，「實哩」讀如"siri"，
意即「威」，卷九十作「答兒麻失里」。蘇喀巴拉，梵語
讀如"suk'a bala"，意即「安守護」，卷九十作「速哥八
剌」。雅本呼圖克，蒙古語「雅本」讀如"yabun"，意

即「行」，「呼圖克」讀如 "hūtuk"，意即「福」，卷一〇六作「耳八忽都」。多爾濟巴勒，唐古特語「多爾濟」讀如 "dorji"，意即「金剛」，「巴勒」讀如 "bal"，意即「威」，卷一〇六作「朵兒只班」。巴拜哈斯，蒙古語「巴拜」讀如 "babai"，意即「寶貝」，「哈斯」讀如 "has"，意即「玉」，卷一〇六作「八不罕」。呼喇，蒙古語讀如 "hūra"，意即「雨」，卷一〇六作「忽剌」。

伊蘇，蒙古語讀如 "isu"，意即「九」，卷一〇六作「也速」。薩都巴拉，梵語「薩都」讀如 "sadu"，意即「心」，「巴拉」讀如 "bala"，意即「守護」，卷一〇六作「撒答八剌」。布延庫哩頁額實，蒙古語「布延」讀如 "buyan"，意即「福」，「庫哩頁」讀如 "kuriye"，意即「範圍」，「額實」讀如 "esi"，意即「授記」，卷一〇六作「卜顏怯里迷失」。實喇特穆爾，蒙古語「實喇」讀如 "sira"，意即「黃色」，「特穆爾」讀如 "temur"，意即「鐵」，卷一〇六作「失烈帖木兒」。塔納，蒙古語讀如 "tana"，意即「東珠」，卷一〇六作「鐵你」。巴罕，蒙古語讀如 "bahan"，意即「些須」，卷一〇六作「必罕」。蘇喀達喇，梵語讀如 "suk'a dara"，意即「安救渡」，卷一〇六作「速哥答里」。明垿克和塔拉，唐古特語「明垿克」讀如 "ming lek"，意即「好名」，「和塔拉」讀如 "hotala"，意即「普遍」，卷九十五作「明里忽都魯」。溫綽寬，滿洲語讀如 "oncokon"，意即「微寬」，卷三十四作「按出罕」。伊垿實克，蒙古語「伊垿」讀如 "ile"，意即「明顯」，「實克」讀如 "sik"，意即「相似」，卷三十四作「月魯沙」。布延呼圖克，蒙

古語讀如“buyan hūtuk”，意即「福」，卷三十四作「不顏忽魯都」。班布爾實，蒙古語讀如“bambursi”，意即「一歲熊」，卷一〇六作「八不沙」。瑪里達，梵語讀如“malida”，意即「花名」，卷一〇六作「邁來迪」。托果斯，蒙古語讀如“togos”，意即「孔雀」，卷一〇六作「脫忽思」。

　　布達實哩，梵語「布達」讀如“buda”，意即「佛」，「實哩」讀如“siri”，意即「威」，卷一〇六作「卜答失里」。塔哩雅圖默色，蒙古語「塔哩雅圖」讀如“tariyatu”，意即「有田」，「默色」讀如“mese”，意即「器械」，卷一〇六作「答里也忒迷失」。喇特納實哩，梵語「喇特納」讀如“ratna”，意即「寶」，「實哩」讀如“siri”，意即「威」，卷一〇六作「答納失里」。牟尼實哩，梵語「牟尼」讀如“moni”，意即「能」，「實哩」讀如“siri”，意即「威」，卷四十一作「木納失里」。巴延呼圖克，蒙古語「巴延」讀如“bayan”，意即「富」，「呼圖克」讀如“hūtuk”，意即「福」，卷四十三作「普顏忽都」。諤勒哲呼圖克，蒙古語「諤勒哲」讀如“ūljei”，意即「壽」，「呼圖克」讀如“hūtuk”，意即「福」，卷九十二作「完者忽都」。繅勒噶塔納，蒙古語「繅勒噶」讀如“saolga”，意即「桶」，「塔納」讀如“tana”，意即「東珠」，卷一〇六作「唆魯忽帖尼」，卷一一六作「唆魯帖尼」，係一人。瑪實，蒙古語讀如“masi”，意即「甚」，卷一一七作「馬一實」。伯奇音濟齊，蒙古語「伯奇」讀如“beki”，意即「堅固」，「音濟齊」讀如“injici”，意即「媵人」，卷九十五作

「伯藍也怯赤」。庫克克沁，蒙古語讀如 "kukekcin"，意即「甲乙之乙」，卷一一六作「闊闊真」。阿恰默色，蒙古語讀如 "aciya mese"，意即「馱子器械」，卷一〇六作「安真迷失」。布延撤爾額實，蒙古語「布延」讀如 "buyan"，意即「福」，「徹爾」讀如 "cer"，意即「潔淨」，「額實」讀如 "esi"，意即「授記」，卷一一六作「普顏怯里迷失」。巴克巴該，蒙古語讀如 "bakbagai"，意即「蝙蝠」，卷一〇六作「拜拜海」。哈尚罕，蒙古語讀如 "hašanghan"，意即「彌勒佛」，卷一〇六作「忽上海」。塔濟，蒙古語讀如 "taji"，意即「閃緞」，卷一〇六作「答吉」，卷一一六作「答己」，係一人。

　　表中皇子楚齊格爾，蒙古語讀如 "cuciger"，意即「直立」，卷九十五作「搠只哈撒兒」。哈準，滿洲語讀如 "hajun"，意即「犁刀」，卷九十五作「哈赤溫」。特穆爾鄂綽克，蒙古語讀如 "temurocok"，意即「三角鐵灶」，卷一〇七作「鐵木哥斡赤斤」，卷一二四作「斡真」，係一人。鄂齊爾諾延，蒙古語「鄂齊爾」讀如 "ocir"，意即「金剛」，「諾延」讀如 "noyan"，意即「官長」，卷九十五作「斡真那顏」。伯勒格台，蒙古語讀如 "belgetai"，意即「有吉兆」，卷一作「別里古台」。卓沁，蒙古語讀如 "jocin"，意即「客」，卷一作「尤赤」。察罕台，蒙古語讀如 "cagantai"，意即「有白色」，卷一作「察合台」，卷九十五作「茶合觲」，係一人。烏拉齊，蒙古語讀如 "ulaci"，意即「驛站人」，卷九十五作「兀魯赤」。科爾戩，唐古特語「科爾」讀如 "k'or"，意即「法輪」，「戩」讀如 "jiyan"，意即「有」，卷九十五作「闊列

堅」。奎騰，蒙古語讀如 "kuiten" ，意即「冷」，卷二
作「闊端」，卷三作「擴端」，係一人。庫春，蒙古語讀
如 "kucun" ，意即「力」，卷二作「曲出」，卷九十五
作「闊出」，卷一一八作「斡赤」，係一人。哈喇徹爾，
蒙古語「哈喇」讀如 "hara" ，意即「黑色」，「徹爾」
讀如 "cer" ，意即「潔淨」，卷一〇九作「哈剌察兒」。
哈斯，蒙古語讀如 "has" ，意即「玉」，卷九十五作「合
失」。哈坦，蒙古語讀如 "hatan" ，意即「性暴」，卷三作
「合丹」。默哷，滿洲語讀如 "mere" ，意即「蕎麥」，卷
二作「莀里」，卷九十五作「滅里」，係一人。

　　永隆，唐古特語讀如 "yungrung" ，意即「卍」字，
卷一〇七作「月良」。呼察，蒙古語讀如 "hūca" ，意即
「未騸羊」，卷一〇七作「忽察」。諾果，蒙古語讀如
"nogo" ，意即「菜蔬」，卷三作「腦忽」。和和，滿洲
語讀如 "hoho" ，意即「豆角」，卷六作「禾忽」。呼爾
都圖，蒙古語讀如 "hūrdutu" ，意即「有急快」，卷一
〇七作「忽覩都」。錫里庫，蒙古語讀如 "siliku" ，意
即「選拔」，卷三作「旭烈兀」。額哷布格，蒙古語「額
哷」讀如 "ere" ，意即「男」，「布格」讀如 "būge" ，
意即「巫」，卷三作「阿里不哥」。博綽，滿洲語讀如
"boco" ，意即「顏色」，卷九十五作「撥綽」。默格，
讀如 "mege" ，卷九十五作「末哥」。蘇都勒噶，蒙古語
讀如 "sudulga" ，意即「令其通達」，卷九十五作「歲哥
都」，卷一〇七作「歲都哥」，係一人。蘇布特，蒙古語
讀如 "subut" ，意即「珍珠」，卷一〇七作「雪別台」。
巴爾圖，蒙古語讀如 "bartu" ，意即「有虎」，卷九十五

作「班禿」。烏蘇岱，蒙古語讀如"ūsudai"，意即「有髮」，卷九十五作「阿速台」，卷一〇七作「阿速歹」，係一人。永隆喇實，唐古特語讀如"yungrungrasi"，意即「卍吉祥」，卷三作「玉龍塔失」，卷五作「玉龍答失」，係一人。錫里濟，蒙古語讀如"siliji"，意即「選拔」，卷三作「昔烈吉」，卷五作「昔里給」，卷二十六作「失列吉」，卷一〇七作「昔里吉」，係一人。瓛都，蒙古語讀如"bindu"，意即「字圈」，卷三作「辮都」。

　阿實達，蒙古語讀如"asida"，意即「常」，卷三作「阿速帶」。多爾濟，唐古特語讀如"dorji"，意即「金剛」，卷九十五作「朵兒只」，卷一〇七作「朵而只」。莽噶拉木，梵語讀如"mangg'alam"，意即「吉祥」，卷四作「忙阿剌」，卷十四作「忙哥剌」。諾木罕，蒙古語讀如"nomhan"，意即「循良」，卷五作「南木合」，卷六作「那沒罕」，卷一〇七作「那木罕」，係一人。和克齊，蒙古語讀如"hokci"，意即「司產人」，卷六作「忽哥赤」。阿雅噶齊，蒙古語讀如"ayagaci"，意即「執椀人」，卷七作「愛牙赤」，卷十四作「愛牙亦」，卷十九作「阿牙赤」，卷一二一作「愛哥赤」，卷一三三作「愛也赤」，係一人。鄂囉齊，蒙古語讀如"oroci"，意即「候缺人」，卷六作「奧魯」。庫庫楚，蒙古語讀如"kukucu"，意即「藍靛」，卷七作「闊闊出」。托歡，蒙古語讀如"tohon"，意即「釜」，卷二十四作「脫歡」。和塔拉特穆爾，蒙古語「和塔拉」讀如"hotala"，意即「普遍」，「特穆爾」讀如"temur"，意即「鐵」，卷九十五作「忽都帖木兒」。特默齊，蒙古語讀如"temeci"，意即「牧

駝人」，卷一一四作「鐵蔑赤」。薩克繖，滿洲語讀如
"saksan"，意即「麵塔」，卷一〇七作「松山」。德勒
格爾布哈，蒙古語「德勒格爾」讀如 "delger"，意即「開
廣」，「布哈」讀如 "buha"，意即「牤牛」，卷二十二作
「迭里哥兒不花」。

　　阿穆爾克，蒙古語「阿穆爾」讀如 "amur"，意即
「安」，「克」讀如 "ke"，意即「華麗」，卷二十作
「阿木哥」。諤特古斯布哈，蒙古語「諤特古斯」讀如
"ūtegus"，意即「年老」，「布哈」讀如 "buha"，意即
「牤牛」，卷一〇七作「兀都思不花」。阿勒濟雅巴，蒙古
語讀如 "aljiyaba"，意即「已乏」，卷二十九作「阿速吉
八」，卷一〇七作「阿里吉八」。巴特瑪雅爾藏布，唐古
特語「巴特瑪」讀如 "batma"，意即「蓮花」，「雅爾」
讀如 "yar"，意即「上」，「藏布」讀如 "dzangbu"，意
即「好」，卷二十九作「八的麻亦兒閉卜」。錫錫，蒙古
語讀如 "sisi"，意即「高粱」，卷十四作「小薛」。允丹
藏布，唐古特語「允丹」讀如 "yundan"，意即「才能」，
「藏布」讀如 "dzangbu"，意即「好」，卷三十作「允丹
藏卜」。喇特納達喇，梵語「喇特納」讀如 "ratna"，意即
「寶」，「達喇」讀如 "dara"，意即「救渡」，卷三十二
作「阿剌忒納答剌」。雅克特古斯，蒙古語「雅克」讀如
"yak"，意即「結實」，「特古斯」讀如 "tegus"，意即
「雙」，卷三十六作「燕帖古思」。古嚕達喇，梵語「古
嚕」讀如 "guru"，意即「僧」，「達喇」讀如 "dara"，
意即「救渡」，卷三十五作「古訥答剌」。阿裕爾實哩達
喇，梵語「阿裕爾」讀如 "ayur"，意即「壽」，「實哩」

讀如"siri"，意即「威」，「達喇」讀如"dara"，意即
「救渡」，卷四十一作「愛猷識理達臘」。

　　表中公主托摩倫，蒙古語讀如"tomoron"，意即「言
語清楚」，卷一〇九作「帖木倫」。噶沁必濟，唐古特語
「噶沁」讀如"g'acin"，意即「大喜」，「必濟」讀如
"biji"，意即「婦人」，卷一作「火阿真伯姬」，卷一
〇九作「火臣別吉」，係一人。伊奇喇斯，蒙古語讀如
"ikiras"，古部名，卷一〇九作「亦乞列思」。察喇，
蒙古語讀如"cara"，意即「注酒器」，卷一〇九作「茶
倫」。安圖，滿洲語讀如"antu"，意即「山陽」，卷一〇
九作「安禿」。烏爾戩，唐古特語讀如"urjiyan"，意即
「裝嚴」，卷一〇九作「吾魚真」，又作「兀剌真」。伊蘇
展，蒙古語「伊蘇」讀如"isu"，意即「九」，「展」讀如
"jan"，意即「象」，卷一〇九作「也孫真」。魯爾干，
唐古特語「魯爾」讀如"lur"，意即「緊要」，「干」讀如
"g'an"，意即「年老」，卷一〇九作「魯魯罕」。羅壘，
唐古特語讀如"loloi"，意即「智慧」，卷一〇九作「魯
倫」。巴雅爾，蒙古語讀如"bayar"，意即「喜」，卷一
〇九作「伯雅倫」，卷一一八作「伯牙魯」。布哷齊，蒙古
語讀如"bureci"，意即「吹海螺人」，卷一〇九作「卜蘭
奚」。布延庫哩頁額實，蒙古語「布延」讀如"buyan"，
意即「福」，「庫哩頁」讀如"kuriye"，意即「範圍」，
「額實」讀如"esi"，意即「授記」，卷一〇九作「普顏
可里美思」。伊勒噶雅，蒙古語讀如"ilgaya"，意即「欲
辨別」，卷一〇六作「益里海涯」，卷一一八作「亦里
哈牙」，係一人。滿達勒，蒙古語讀如"mandal"，意即

「壇」，卷二十七作「買的」。雅克哈雅，蒙古語「雅克」讀如“yak”，意即「結實」，「哈雅」讀如“haya”，意即「山墻」，卷二十五作「燕海牙」。

伊嚕勒，蒙古語讀如“irul”，意即「福分」，卷三十六作「月魯」。紐掄，滿洲語讀如“nioron”，意即「虹」，卷一〇九作「奴兀倫」。阿拉克必濟，蒙古語「阿拉克」讀如“alak”，意即「花斑」，「必濟」讀如“biji”，意即「婦人」，卷一〇九作「阿剌海別吉」。塔瑪噶，蒙古語讀如“tamaga”，意即「印」，卷一〇九作「獨木干」。伊埒，蒙古語讀如“ile”，意即「明顯」，卷一〇九作「月烈」。伊埒默色，蒙古語「伊埒」讀如“ile”，意即「明顯」，「默色」讀如“mese”，意即「器械」，卷一〇九作「葉里迷失」。呼圖克坦默色，蒙古語「呼圖克坦」讀如“hūtuktan”，意即「有福」，「默色」讀如“mese”，意即「器械」，卷一〇九作「忽答迭迷失」，卷一一八作「忽答的迷失」，係一人。阿裕爾實哩，梵語讀如“ayursiri”，意即「壽威」，卷一〇九作「愛牙迷失」，卷一一八作「愛牙失里」，係一人。琳沁，唐古特語讀如“rincin”，意即「寶」，卷一〇九作「亦憐真」。阿實克圖嚕，蒙古語「阿實克」讀如“asik”，意即「利」，「圖嚕」讀如“turu”，意即「頭目」，卷一〇九作「阿失禿魯」。僧格巴勒，唐古特語「僧格」讀如“sengge”，意即「獅子」，「巴勒」讀如“bal”，意即「威」，卷一〇九作「桑哥八剌」，又作「桑哥不剌」。伊蘇布哈，蒙古語「伊蘇」讀如“isu”，意即「九」，「布哈」讀如“buha”，意即「牡牛」，卷一〇九作「也速不花」。色徹

肯，蒙古語讀如"seceken"，意即「略聰明」，卷一〇九作「薛只干」。諤勒哲，蒙古語讀如"ūljei"，意即「壽」，卷一〇九作「完澤」。

囊嘉特章，蒙古語讀如"nanggiyatjang"，意即「漢人之性情」，卷十三作「囊家真」。納木喀巴拉，唐古特語「納木喀」讀如"namk'a"，意即「天」，梵語「巴拉」讀如"bala"，意即「守護」，卷一〇九作「南哥不剌」，卷一一八作「喃哥不剌」，係一人。僧格喇實，唐古特語「僧格」讀如"sengge"，意即「獅子」，「喇實」讀如"rasi"，意即「吉祥」，卷二十二作「祥哥剌吉」。博諾，滿洲語讀如"bono"，意即「雹」，卷一〇九作「普納」。多爾濟巴勒，唐古特語「多爾濟」讀如"dorji"，意即「金剛」，「巴勒」讀如"bal"，意即「威」，卷一〇九作「朶兒只班」。博迪蘇，滿洲語讀如"bodisu"，意即「菩提子」，卷一〇九作「拜塔沙」，卷一一八作「拜答沙」，係一人。台呼布延圖，蒙古語「台呼」讀如"taihū"，意即「祭祀」，「布延圖」讀如"buyantu"，意即「有福」，卷一〇九作「台忽普都」。

蘇哷肯，滿洲語讀如"sureken"，意即「略聰明」，卷一〇九作「唆兒哈罕」。鄂克沁，滿洲語讀如"okcin"，意即「凡物之蓋」，卷一〇九作「斡可真」，卷一一八作「斡可珍」，係一人。布爾罕，蒙古語讀如"burhan"，意即「佛」，卷一〇九作「不魯罕」。庫庫楞，蒙古語讀如"kukulen"，意即「青色」，卷一〇九作「闊闊倫」。圖們婁，蒙古語「圖們」讀如"tumen"，意即「萬」，「婁」讀如"luo"，意即「龍」，卷一〇九作「禿滿倫」。昂

吉拜呼，蒙古語「昂吉」讀如"anggi"，意即「隊伍」，「拜呼」讀如"baihū"，意即「有」，卷一〇九作「瓮吉八忽」。徹辰，蒙古語讀如"cecen"，意即「聰明」，卷一百作「采真」。孟古台，蒙古語讀如"munggutai"，意即「有銀」，卷二十一作「忙哥台」。

　　咱雅巴拉，梵語「咱雅」讀如"dzaya"，意即「勝」，「巴拉」讀如"bala"，意即「守護」，卷二十七作「札牙八剌」。伊埒哈屯，蒙古語「伊埒」讀如"ile"，意即「明顯」，「哈屯」讀如"hatun"，意即「王妃」，卷一〇九作「也立可敦」。巴克巴噶爾，蒙古語讀如"bakbagar"，意即「矬胖」，卷一〇九作「巴巴哈兒」。巴拜徹爾，蒙古語「巴拜」讀如"babai"，意即「寶貝」，「徹爾」讀如"cer"，意即「潔淨」，卷一〇九作「八卜叉」。多爾濟斯滿，唐古特語「多爾濟」讀如"dorji"，意即「金剛」，「斯滿」讀如"sman"，意即「藥」，卷一〇九作「朵而只思蠻」。呼圖克濟延額實，蒙古語「呼圖克」讀如"hūtuk"，意即「福」，「濟延」讀如"jiyan"，意即「命」，「額實」讀如"esi"，意即「授記」，卷一〇九作「忽都魯堅迷失」。

　　布達實哩，梵語「布達」讀如"buda"，意即「佛」，「實哩」讀如"siri"，意即「威」，卷一〇九作「卜答失利」。琳沁巴勒，唐古特語「琳沁」讀如"rincin"，意即「寶」，「巴勒」讀如"bal"，意即「威」，卷一〇九作「亦憐只班」。戩通，唐古特語「戩」讀如"jiyan"，意即「目」，「通」讀如"tung"，意即「看」，卷一〇九作「金童」。額斯倫，蒙古語讀如"esrun"，意即「梵天」，

卷九十五作「阿昔倫」。綽斯滿，蒙古語讀如"cosman"，古部名，卷一〇九作「搠思蠻」。特默根，蒙古語讀如"temegen"，意即「駝」，卷九十五作「獨木干」。巴延章，蒙古語「巴延」讀如"bayan"，意即「富」，「章」讀如"jang"，意即「性情」，卷一〇九作「伯要真」。伊埒肯，蒙古語讀如"ileken"，意即「微明顯」，卷一〇九作「也里侃」。多羅干，蒙古語讀如"dologan"，意即「七」，卷九十五作「帶魯罕」。圖烈，蒙古語讀如"tuliye"，意即「燒柴」，卷一〇九作「脫烈」。巴拜，蒙古語讀如"babai"，意即「寶貝」，卷三十九作「八八」。題卜，蒙古語讀如"tib"，意即「部洲」，卷一〇九作「鐵」。和拉，蒙古語讀如"hola"，意即「遠」，卷一〇九作「火魯」。庫庫罕，蒙古語讀如"kukuhan"，意即「微青」，卷一〇九作「闊闊干」。托克托呼，蒙古語讀如"toktohū"，意即「定」，卷三十五作「脫脫灰」。諤勒哲台，蒙古語讀如"ūljeitai"，意即「有壽」，卷三十七作「完者台」。托克托和，滿洲語讀如"toktoho"，意即「定」，卷三十八作「妥妥輝」。布達實哩，梵語「布達」讀如"buda"，意即「佛」，「實哩」讀如"siri"，意即「威」，卷二十三作「寶答失憐」，卷二十四作「普達實憐」，卷三十作「不答昔你」，係一人。

　　瑪摩，唐古特語讀如"mamo"，意即「女神」，卷一〇九作「買買」。阿爾台，蒙古語讀如"artai"，意即「有花紋」，卷一〇九作「阿剌歹」。穆達哩，滿洲語讀如"mudari"，意即「當日回來」，卷一〇九作「木答里」。舒蘇德濟，蒙古語「舒蘇」讀如"šusu"，意即「廩給」，

「德濟」讀如 "deji"，意即「上分」，卷十八作「雪雪的斤」。阿實克圖，蒙古語讀如 "asiktu"，意即「有利」，卷一〇九作「阿失禿」。實哩達喇，梵語讀如 "siri dara"，意即「威救渡」，卷一〇九作「失憐答里」。阿勒哈，滿洲語讀如 "alha"，意即「閃緞」，卷二作「阿剌海」。果戩，唐古特語「果」讀如 "g'o"，意即「頭」，「戩」讀如 "jiyan"，意即「粧飾」，卷二作「果真」。塔瑪噶，蒙古語讀如 "tamaga"，意即「印」，卷三作「脫滅干」，卷一二一作「禿滅干」，係一人。巴古，蒙古語讀如 "bagū"，意即「令下」，卷五作「拜忽」。呼圖克庫哩頁額實，蒙古語「呼圖克」讀如 "hūtuk"，意即「福」，「庫哩頁」讀如 "kuriye"，意即「範圍」，「額實」讀如 "esi"，意即「授記」，卷八作「忽都魯揭里迷失」，卷十九作「忽都魯迷失」，係一人。布拉噶沁，蒙古語讀如 "bulagacin"，意即「捕貂鼠人」，卷十八作「不魯花真」。

　　布延徹爾額實，蒙古語「布延」讀如 "buyan"，意即「福」，「徹爾」讀如 "cer"，意即「潔淨」，「額實」讀如 "esi"，意即「授記」，卷十八作「普賢怯里迷失」。喇特納巴拉，梵語「喇特納」讀如 "ratna"，意即「寶」，「巴拉」讀如 "bala"，意即「守護」，卷二十三作「阿剌的納八剌」，卷二十八作「阿剌忒納八剌」，係一人。巴勒丹，唐古特語讀如 "baldan"，意即「全威」，卷二十四作「班丹」。蘇喀巴拉，梵語「蘇喀」讀如 "suk'a"，意即「安」，「巴拉」讀如 "bala"，意即「守護」，卷二十七作「速哥八剌」。察球爾，蒙古語讀如 "cakior"，意即

「火石」，卷三十二作「察吉兒」。

　　布尼雅，梵語讀如"buniya"，意即「福」，卷三十六作「不納」。布達拉，蒙古語讀如"budala"，意即「普陀山」，卷三十七作「本答里」。托歡巴圖，蒙古語「托歡」讀如"tohon"，意即「釜」，「巴圖」讀如"batu"，意即「結實」，卷三十七作「台忽都魯」，卷一一八作「台忽魯都」，係一人。徹爾特穆爾，蒙古語「徹爾」讀如"cer"，意即「潔淨」，「特穆爾」讀如"temur"，意即「鐵」，卷三十七作「徹里帖木兒」。努爾音濟遜，蒙古語讀如"nur yen jisun"，意即「面色」，卷三十九作「奴倫引者思」。達賚，蒙古語讀如"dalai"，意即「海」，卷九十五作「大雷」。僧格嘉勒，唐古特語「僧格」讀如"sengge"，意即「獅子」，「嘉勒」讀如"jiyal"，意即「勝」，卷一〇六作「桑哥吉剌」。哈達罕，滿洲語讀如"hadahan"，意即「橛」，卷一一八作「哈答罕」。伊埒鄂端，蒙古語「伊埒」讀如"ile"，意即「明顯」，「鄂端」讀如"odon"，意即「星」，卷一二二作「也立安敦」。博囉章，蒙古語「博囉」讀如"boro"，意即「青色」，「章」讀如"jang"，意即「性情」，卷一三四作「不魯真」。布延德濟，蒙古語「布延」讀如"buyan"，意即「福」，「德濟」讀如"deji"，意即「上分」，卷一三八作「卜顏的斤」。

　　表中所列人名多以具有勵志性質的吉祥詞彙為名，庫裕克，蒙古語讀如"kuyuk"，意即「伶俐」。色辰，蒙古語讀如"secen"，意即「聰明」。徹辰，蒙古語讀如"cecen"，意即「聰明」。色徹肯，蒙古語讀如

"seceken"，意即「略聰明」。羅壘，唐古特語讀如
"loloi"，意即「智慧」。伊實，唐古特語讀如"isi"，意
即「智慧」。阿裕爾，梵語讀如"ayur"，意即「壽」。諤
勒哲，蒙古語讀如"ūljei"，意即「壽」，諤勒哲圖，讀如
"ūljeitu"，意即「有壽」。諤勒哲岱，讀如"ūljeidai"，
意即「有壽」。庫魯克，蒙古語讀如"kuluk"，意即「超
眾」。布延，蒙古語讀如"buyan"，意即「福」，布延
圖，讀如"buyantu"，意即「有福」。呼圖克，蒙古語讀
如"hūtuk"，意即「福」，呼圖克坦，讀如"hūtuktan"，
意即「有福」。布尼雅，梵語讀如"buniya"，意即「福
分」。伊嚕勒，蒙古語讀如"irul"，意即「福分」。
巴延，蒙古語讀如"bayan"，意即「富」。呼爾察，
蒙古語讀如"hūrca"，意即「敏捷」。諾木歡，滿洲語
讀如"nomhon"，意即「循良」。托摩倫，蒙古語讀如
"tomoron"，意即「言語清楚」。

　　以天象山川植物動物為名是常見的現象。納木喀，唐
古特語讀如"namk'a"，意即「天」。納蘭，蒙古語讀如
"naran"，意即「日」。諤楞，蒙古語讀如"ūlen"，意
即「雲」。呼喇，蒙古語讀如"hūra"，意即「雨」。索隆
噶，蒙古語讀如"solongga"，意即「虹」。博諾，滿洲語
讀如"bono"，意即「雹」。哈達，蒙古語讀如"hada"，
意即「山峰」。安圖，滿洲語讀如"antu"，意即「山
陽」。果勒，蒙古語讀如"gool"，意即「河」。默呼，
滿洲語讀如"mere"，意即「蕎麥」。諾果，蒙古語讀如
"nogo"，意即「菜蔬」。和和，滿洲語讀如"hoho"，意
即「豆角」。錫錫，蒙古語讀如"sisi"，意即「高粱」。

托果斯，蒙古語讀如"togos"，意即「孔雀」。婁，蒙古語讀如"luo"，意即「龍」。展，蒙古語讀如"jan"，意即「象」。僧格，唐古特語讀如"sengge"，意即「獅子」。特默根，蒙古語讀如"temegen"，意即「駝」，特默齊，蒙古語讀如"temeci"，意即「牧駝人」。布哈，蒙古語讀如"buha"，意即「牝牛」。班布爾實，蒙古語讀如"bambursi"，意即「一歲熊」。巴爾圖，蒙古語讀如"bartu"，意即「有虎」。呼察，蒙古語讀如"hūca"，意即「未騸羊」。布拉噶沁，蒙古語讀如"bulagacin"，意即「捕貂鼠人」。巴克巴該，蒙古語讀如"bakbagai"，意即「蝙蝠」。拉拜，蒙古語讀如"labai"，意即「硨磲」，是軟體動物瓣鰓類，其殼白如玉，可作裝飾品。

以日常器物用品為名，也是常見的現象。蘇布特，蒙古語讀如"subut"，意即「珍珠」。塔納，蒙古語讀如"tana"，意即「東珠」。哈斯，蒙古語讀如"has"，意即「玉」。特穆倫，蒙古語讀如"temulun"，即「特穆爾」，蒙古語讀如"temur"，意即「鐵」。孟古台，蒙古語讀如"munggutai"，意即「有銀」。托歡，蒙古語讀如"tohon"，意即「釜」。特穆爾鄂綽克，蒙古語讀如"temur ocok"，意即「三角鐵灶」。特穆津，蒙古語讀如"temujin"，意即「鐵之最精者」。哲伯，蒙古語讀如"jebe"，意即「梅針箭」。琿塔噶，蒙古語讀如"hūntaga"，意即「酒杯」。安濟蘇，蒙古語讀如"anjisu"，意即「犁」。哈準，滿洲語讀如"hajun"，意即「犁刀」。托里，蒙古語讀如"toli"，意即「鏡」。果戩，唐古特語讀如"g'o jiyan"，意即「頭粧飾」。阿勒

哈，滿洲語讀如“alha”，意即「閃緞」。楚巴，滿洲語讀如“cuba”，意即「女齊肩朝褂」。呼實罕，滿洲語讀如“hūsihan”，意即「女裙」。塔濟，蒙古語讀如“taji”，意即「閃緞」。

以色彩為名，亦具意義。表中博綽，滿洲語讀如“boco”，意即「顏色」。察罕台，蒙古語讀如“cagantai”，意即「有白色」。實喇，蒙古語讀如“sira”，意即「黃色」。哈喇，蒙古語讀如“hara”，意即「黑色」。博囉，蒙古語讀如“boro”，意即「青色」。庫庫楞，蒙古語讀如“kukulen”，意即「青色」。庫庫罕，蒙古語讀如“kukuhan”，意即「微青色」。庫庫楚，蒙古語讀如“kukucu”，意即「藍靛」。瑪爾，唐古特語讀如“mar”，意即「紅色」，瑪爾沁（mar cin），意即「大紅色」。烏拉海，蒙古語讀如“ulahai”，意即「微紅」。以白色、黃色、黑色、青色、紅色為名，表明對色彩的喜愛。以數目為名，也是常見的現象，表中多羅干，蒙古語讀如“dologan”，意即「七」。伊蘇，蒙古語讀如“isu”，意即「九」，伊蘇肯，蒙古語讀如“isuken”，意即「九」。伊蘇展（isu jan），意即「九象」。伊蘇布哈（isu buha），意即「九牝牛」。伊蘇特穆爾（isu temur），意即「九鐵」。圖們，蒙古語讀如“tumen”，意即「萬」，圖們婁（tumenluo），意即「萬龍」。

藏傳佛教是蒙古的共同信仰，以宗教術語為名，是普遍的習俗。布爾罕，蒙古語讀如“burhan”，意即「佛」。布達，梵語讀如“buda”，意即「佛」。布達實哩（buda siri），意即「佛威」。哈尚罕，蒙古語讀如“hašang

han"，意即「彌勒佛」。牟尼，梵語讀如"moni"，意即
「能」，牟尼實哩（moni siri），意即「能威」。阿南達，
梵語讀如"ananda"，意即「阿難」，阿南達實哩（ananda
siri），意即「阿難威」。多爾濟，唐古特語讀如"dorji"，
意即「金剛」，多爾濟巴勒（dorji bal），意即「金剛
威」。鄂齊爾，蒙古語讀如"ocir"，意即「金剛」，鄂齊
爾諾延（ocir noyan），意即「金剛官長」。科爾，唐古特
語讀如"k'or"，意即「法輪」，科爾戩（k'or jiyan），意
即「有法輪」。永隆，唐古特語讀如"yungrung"，意即
「卍字」，永隆喇實（yungrung rasi），意即「卍吉祥」。
布達拉，蒙古語讀如"budala"，意即「普陀山」。滿達
勒，蒙古語讀如"mandal"，意即「壇」。達爾瑪，梵語
讀如"darma"，意即「法」，達爾瑪巴拉（darma bala），
意即「法守護」。噶瑪拉，梵語讀如"g'amala"，意即
「蓮花葉」。巴特瑪，唐古特語讀如"batma"，意即「蓮
花」。巴特瑪雅爾藏布（batma yar dzangbu），意即「蓮花
上好」。達賚，蒙古語讀如"dalai"，意即「海」。古嚕，
梵語讀如"guru"，意即「僧」，古嚕達喇（guru dara），
意即「僧救渡」。胡土克圖，蒙古語讀如"kūtuktu"，意即
「再來人」，元人以「胡土克圖」為明宗廟號。以宗教信仰
詞彙為名，具有文化意義。

欽定四庫全書

欽定元史語解卷二

解義概不視注蒙古語其中姓氏
換元以蒙古語為本語解內但釋
地名官名人名無卿義者俱以蒙
古源流考今地名八旗姓氏通譜
官名改字
面訂之

宮衛
巴咱爾楚克等或以人名或以地名具後設
立官屬迷為定制今悉歸宮衛一
門而軍名戶名亦以類編入焉

軍名附　換元太祖時立萬戶府以統軍旅如

ᠬᠣᠲᠣᠺ

呼圖克
顏歡懇阿隆

格根察罕
格根明也察罕白色也
卷二作迎墅茶寒殿名

欽定四庫全書
欽定元史語解
卷二

二

二、《欽定元史語解》宮衛

　　元太祖時，立萬戶府，以統軍旅，或以人名，或以地名，其後設立官屬，遂為定制。《欽定元史語解》宮衛，附以軍名，將元所設官屬，悉歸宮衛一門，而軍名、戶名，亦以類編入。元以蒙古語為本，語解內，但釋解義，不複注蒙古語。其滿洲語、唐古特語、梵語等，則逐一複注。

《欽定元史語解・宮衛》滿漢對照表

順次	滿洲語	漢　字	羅馬拼音	詞　義
1		格根察罕	gegen cagan	明白色
2		鄂爾多	ordo	亭
3		布哷齊	bureci	吹海螺人
4		鄂囉	oro	缺
5		特默齊	temeci	牧駝人
6		集賽台	jisaitai	有班次

順次	滿洲語	漢　字	羅馬拼音	詞　義
7		拉伊 木克	lam ik	唐古特語，路引
8		庫巴 庫圖	kuku batu	青色 結實
9		齊 哩克 昆	cirik kun	兵丁
10		奇 爾	kir	斑點
11		集 賽	jisai	班次
12		穆 爾 齊	murci	尋踪人
13		沃 濟	weji	滿洲語，叢林
14		巴 喇 噶 齊	baragaci	管理什物人
15		珠拉 齊	julaci	執燈人
16		阿 蘇	asu	滿洲語，網
17		察 喇	cara	注酒器

順次	滿洲語	漢　字	羅馬拼音	詞　義
18		哈喇齊	haraci	瞭望人
19		奇徹伯	kicebe	滿洲語，勤
20		莽賚	manglai	首先
21		諤爾根	ūrgen	寬
22		呼拉干齊	hūlaganci	捕盜人
23		圖嚕古	turugu	頭目
24		哈喇婁	hara luo	黑龍
25		薩勒奇諾爾	salki noor	風池
26		敖拉齊	aolaci	善行山麓之人

順次	滿洲語	漢　字	羅馬拼音	詞　義
27		巴咱爾	badzar	梵語，金剛
28		濟古爾台	jigurtai	有翅
29		托里圖	tolitu	有鏡
30		桂齊	guici	善跑人
31		哈達	hada	山峰
32		奇圖噶	kituga	小刀
33		哈必齊	habici	
34		贊勒達齊	dzandalci	屠戶
35		托托克穆	toktomu	定
36		和塔拉	hotala	普遍

順次	滿洲語	漢　字	羅馬拼音	詞　義
37		密喇卜 和卓	mirab hojo	管理水 利官美
38		騰吉斯	tenggis	湖
39		楚密克	cumik	唐古特語， 泉
40		鄂蘭 塔拉	olan tala	眾曠野
41		斯達克 隆拉	sdak lungla	虎風神
42		布木爾 古布巴	bum gur	唐古特語， 億帳房
43		當布 持巴	dangbu c'yba	唐古特語， 第一坐床 僧
44		嘉木巴	jiyamba	唐古特語， 慈

順次	滿洲語	漢　字	羅馬拼音	詞　義
45		扎雅斡	jayawa	唐古特語，處人
46		雅布實 藏巴爾 實巴	yar bu dzang šiba	唐古特語，上好子第四
47		穆爾	mur	踪跡
48		吹戩 古巴	coigu jiyanba	唐古特語，法身彌勒
49		德濟	deji	上分
50		巴納	ba na	滿洲語，地方
51		納罕	nahan	滿洲語，炕
52		齊勒 呼圖	cihūltu	有狹窄
53		達爾罕	dargan	免差役

順次	滿洲語	漢　字	羅馬拼音	詞　義
54		伊克 集賽	ike jisai	大班次
55		唐　古	tanggū	
56		柴　齊	caici	司茶人
57		齊拉袞	cilagūn	石
58		喀　喇	kara	滿洲語， 黑馬
59		濟爾 噶朗	jirgalang	安逸
60		特古納	teguna	採
61		孟古岱	munggudai	有銀
62		塔齊爾	tacir	瘠地
63		奇扎爾	kijar	疆

順次	滿洲語	漢　字	羅馬拼音	詞　義
64		綽爾齊	corci	掌蒙古樂器人
65		哈喇岱	haradai	有黑色
66		伊奇哩	ikiri	滿洲語，一連
67		扎古岱	jagūdai	有百
68		圖沙瑪	tušama	甲葉
69		阿巴勒齊	albaci	當差人
70		齊克哩台	ciriktai	有兵
71		和卓	hojo	滿洲語，美好
72		哈喇穆爾丹	hara murda	黑色有踪跡

順次	滿洲語	漢　字	羅馬拼音	詞　義
73		巴　圖	batu	結實
74		帮　圖	bangtu	滿洲語，雲頭
75		圖　嚕	turu	頭目
76		默爾奇	merki	
77		摩　哩	mori	馬
78		托果斯	togos	孔雀

資料來源：《欽定四庫全書》，「史部」，《欽定元史語解》，
　　　　　卷二。

　　元太祖時立萬戶府，以統軍旅，或以人名，或以地名。
其後設立官屬，遂為定制。《欽定元史語解》悉歸「宮衛」
一門，而「軍名」、「戶名」亦以類編入。表中格根察罕，
蒙古語「格根」讀如"gegen"，意即「明」，「察罕」讀
如"cagan"，意即「白色」，卷二作「迦堅茶寒」，是殿
名。鄂爾多，蒙古語讀如"ordo"，意即「亭」，卷二作
「斡魯朵」，是宮衛名。布呼齊，蒙古語讀如"bureci"，
意即「吹海螺人」，卷四作「孛蘭奚」，卷十一作「不蘭
奚」，卷三十二作「卜蘭奚」，是戶名。鄂囉，蒙古語讀如
"oro"，意即「缺」，卷四作「奧魯」，是軍府名。特默

齊，蒙古語讀如"temeci"，意即「牧駝人」，卷五作「探馬赤」，卷三十四作「帖麥赤」，是軍名。集賽台，蒙古語讀如"jisaitai"，意即「有班次」，卷八作「怯薛丹」，卷十一作「怯薛都」，卷十二作「怯薛帶」，卷九十九作「怯薛歹」，是宿衛士名。拉木伊克，唐古特語讀如"lamik"，意即「路引」，卷八作「闌遺」，是戶名。

庫庫巴圖，蒙古語「庫庫」讀如"kuku"，意即「青色」，「巴圖」讀如"batu"，意即「結實」，卷十作「闊闊八都」，是軍名。齊哩克昆，蒙古語讀如"cirik kun"，意即「兵丁」，卷十一作「怯憐口」，是戶名。奇爾，蒙古語讀如"kir"，意即「斑點」，卷十一作「怯兒」，是軍名。集賽，蒙古語讀如"jisai"，意即「班次」，卷十二作「怯薛」，是營衛名。穆爾齊，蒙古語讀如"murci"，意即「尋踪人」，卷十六作「木赤」，是戶名。沃濟，滿洲語讀如"weji"，意即「叢林」，卷二十八作「兀者」，是戶名。巴喇噶齊，蒙古語讀如"baragaci"，意即「管理什物人」，卷三十三作「八剌哈赤」，是軍戶名。珠拉齊，蒙古語讀如"julaci"，意即「執燈人」，卷三十三作「燭剌赤」，卷八十九作「尤剌赤」，是軍戶名。阿蘇，滿洲語讀如"asu"，意即「網」，卷三十四作「阿速」，是衛名。

察喇，蒙古語讀如"cara"，意即「注酒器」，卷三十四作「察剌」，是衛名。哈喇齊，蒙古語讀如"haraci"，意即「瞭望人」，卷三十四作「哈剌赤」，是戶名。奇徹伯，滿洲語讀如"kicebe"，意即「勤」，卷三十四作「乞赤伯」，是卒名。莽賚，蒙古語讀如"manglai"，意即「首先」，卷三十八作「忙來」，卷一一八作「莽來」，

是軍名。諤爾根，蒙古語讀如"ūrgen"，意即「寬」，卷四十作「阿兒渾」，是衛名。呼拉干齊，蒙古語讀如"hūlaganci"，意即「捕盜人」，卷四十三作「忽剌罕赤」，是軍校名。圖嚕古，蒙古語讀如"turugu"，意即「頭目」，卷八十三作「禿魯花」，是侍衛名。哈喇婁，蒙古語讀如"hara luo"，意即「黑龍」，卷八十六作「哈兒魯」，是萬戶府名。薩勒奇諾爾，蒙古語「薩勒奇」讀如"salki"，意即「風」，「諾爾」讀如"noor"，意即「池」，卷八十六作「速快那兒」，是萬戶府名。

敖拉齊，蒙古語讀如"aolaci"，意即「善行山麓之人」，卷八十六作「粵魯赤」，是軍校名。巴咱爾，梵語讀如"badzar"，意即「金剛」，卷八十六作「八撒兒」，是萬戶府名。濟古爾台，蒙古語讀如"jigurtai"，意即「有翅」，卷八十六作「札忽兒台」，是萬戶府名。托里圖，蒙古語讀如"tolitu"，意即「有鏡」，卷八十六作「脫烈都」，是萬戶府名。桂齊，蒙古語讀如"guici"，意即「善跑人」，卷八十六作「貴赤」，是衛名。哈達，蒙古語讀如"hada"，意即「山峰」，卷八十六作「哈答」，卷一〇〇作「哈塔」，是萬戶府名。奇圖噶，蒙古語讀如"kituga"，意即「小刀」，卷八十六作「玘都哥」，是萬戶府名。哈必齊，讀如"habici"，卷八十六作「哈必赤」，是千戶翼名。

贊達勒齊，蒙古語讀如"dzandalci"，意即「屠戶」，卷八十六作「撒的赤」，是千戶翼名。托克托穆，蒙古語讀如"toktomu"，意即「定」，卷八十六作「脫脫木」，是千戶翼名。和塔拉，蒙古語讀如"hotala"，意即「普

遍」，卷八十六作「忽都魯」，是千戶翼名。密喇卜和
卓，蒙古語「密喇卜」讀如 "mirab"，意即「回部管理
水利官」，「和卓」讀如 "hojo"，意即「美好」，卷八
十六作「迷里火者」，千戶翼名。騰吉斯，蒙古語讀如
"tenggis"，意即「湖」，卷八十六作「唐吉失」，是戶
名。楚密克，唐古特語讀如 "cumik"，意即「泉」，卷八
十七作「出蜜」，是萬戶名。鄂蘭塔拉，蒙古語讀如 "olan
tala"，意即「眾曠野」，卷八十七作「聱籠答剌」，是萬
戶名。斯達克隆拉，唐古特語「斯達克」讀如 "sdak"，意
即「虎」，「隆拉」讀如 "lungla"，意即「風神」，卷八
十七作「思達籠剌」，是萬戶名。布木古爾，唐古特語「布
木」讀如 "bum"，意即「億」，「古爾」讀如 "gur"，意
即「帳房」，卷八十七作「伯木古魯」，是萬戶名。

　　當布持巴，唐古特語「當布」讀如 "dangbu"，意即
「第一」，「持巴」讀如 "c'yba"，意即「坐床僧」，卷
八十七作「湯卜赤八」，是千戶名。嘉木巴，唐古特語讀如
"jiyamba"，意即「慈」，卷八十七作「加麻瓦」，是萬
戶名。扎雅斡，唐古特語讀如 "jayawa"，意即「處人」，
卷八十七作「札由瓦」，是萬戶名。雅爾布藏實巴，唐古特
語「雅爾」讀如 "yar"，意即「上」，「布藏」讀如 "bu
dzang"，意即「好子」，「實巴」讀如 "šiba"，意即「第
四」，卷八十七作「牙里不藏思巴」，是萬戶名。穆爾，蒙
古語讀如 "mur"，意即「踪跡」，卷八十七作「迷兒」，
是軍名。吹古戩巴，唐古特語「吹古」讀如 "coigu"，意
即「法身」，「戩巴」，意即「彌勒」，卷八十七作「初
厚江巴」，是千戶名。德濟，蒙古語讀如 "deji"，意即

「上分」，卷八十九作「迷只」，是鄂爾多吉。巴納，滿洲語讀如"ba na"，意即「地方」，卷九十作「納鉢」，是圍場名。納罕，滿洲語讀如"nahan"，意即「炕」，卷九十八作「納合」，是屯卒名。齊呼勒圖，蒙古語讀如"cihūltu"，意即「有狹窄」，卷九十八作「怯困都」，是軍名。達爾罕，蒙古語讀如"dargan"，意即「凡有勤勞免其差役」，卷九十八作「答剌罕」，是軍名。

　　伊克集賽，蒙古語「伊克」讀如"ike"，意即「大」，「集賽」讀如"jisai"，意即「班次」，卷九十九作「也可怯薛」，是集賽名。唐古，讀如"tanggū"，卷九十九作「唐兀」，是衛名。柴齊，蒙古語讀如"caici"，意即「司茶人」，卷九十九作「揭只」，是軍名。齊拉袞，蒙古語讀如"cilagūn"，意即「石」，卷九十九作「揭了溫」，是軍名。喀喇，滿洲語讀如"kara"，意即「黑馬」，卷九十九作「康禮」，是衛名。濟爾噶朗，蒙古語讀如"jirgalang"，意即「安逸」，卷九十九作「只兒哈郎」，千戶所名。特古納，蒙古語讀如"teguna"，意即「採」，卷九十九作「鐵哥納」，是千戶所名。孟古岱，蒙古語讀如"munggudai"，意即「有銀」，卷九十九作「忙古觰」，是軍名。塔齊爾，蒙古語讀如"tacir"，意即「瘠地」，卷九十九作「脫赤剌」，是軍名。奇扎爾，蒙古語讀如"kijar"，意即「疆」，卷九十九作「乣查剌」，是軍名。

　　綽爾齊，蒙古語讀如"corci"，意即「掌蒙古樂器人」，卷九十九作「抄兒赤」，是軍名。哈喇岱，蒙古語讀如"haradai"，意即「有黑色」，卷九十九作「合剌

帶」，是萬戶名。伊奇哩，滿洲語讀如"ikiri"，意即「一連」，卷九十九作「亦怯烈」，是萬戶名。扎古岱，蒙古語讀如"jagūdai"，意即「有百數」，卷九十九作「扎忽帶」，是萬戶名。圖沙瑪，蒙古語讀如"tušama"，意即「甲葉」，卷九十九作「禿思馬」，是軍名。阿勒巴齊，蒙古語讀如"albaci"，意即「當差人」，卷九十九作「阿剌八赤」，是軍名。齊哩克台，蒙古語讀如"ciriktai"，意即「有兵」，卷九十九作「徹里台」，是軍名。和卓，滿洲語讀如"hojo"，意即「美好」，卷一○○作「火者」，是軍名。哈喇穆爾丹，蒙古語「哈喇」讀如"hara"，意即「黑色」，「穆爾丹」讀如"murdan"，意即「有踪跡」，卷一○○作「黑瓦木丁」，是軍戶名。巴圖，蒙古語讀如"batu"，意即「結實」，卷一○○作「八都」，是軍名。幫圖，滿洲語讀如"bangtu"，意即「凡飾物上之雲頭」，卷一○六作「班禿」，是營帳名。圖嚕，蒙古語讀如"turu"，意即「頭目」，卷一三五作「都魯」，是軍名。默爾奇，讀如"merki"，卷一三八作「默而吉」，是軍名。摩哩，蒙古語讀如"mori"，意即「馬」，卷一四七作「木烈」，是軍名。托果斯，蒙古語讀如"togos"，意即「孔雀」，卷一八○作「禿忽思」，是樓名。

　　表中所列宮衛門內包含殿名、宮衛名、衛名、侍衛名、營帳名、樓名、圍場名、衛士名、萬戶府名、萬戶名、千戶翼名、千戶名、軍名、軍府名、宿衛士名、卒名、班次名、卒名、軍校名、戶名等。其宮衛人等名稱，多與其專長相關，布哷齊（bureci），意即「吹海螺人」。特默齊（temeci），意即「牧駝人」。集賽台（jisaitai），意即

「有班次」。齊哩克昆（cirik kun），意即「兵丁」。卒名
納罕（nahan），意即「炕」。穆爾齊（murci），意即「尋
踪人」。巴喇噶齊（baragaci），意即「管理什物人」。珠
拉齊（julaci），意即「執燈人」。哈喇齊（haraci），意即
「瞭望人」。呼拉干齊（hūlaganci），意即「捕盜人」。敖
拉齊（aolaci），意即「善行山麓之人」。桂齊（guici），
意即「善跑人」。贊達勒齊（dzandalci），意即「屠
戶」。密喇卜（mirab），意即「回部管理水利官」。柴齊
（caici），意即「司茶人」。綽爾齊（corci），意即「掌蒙
古樂器人」。阿勒巴齊（albaci），意即「當差人」。

欽定四庫全書

欽定元史語解卷三

古語為本語解內但譯
複注蒙古語其中姓氏

人名無解義者俱以蒙
今地名八旗姓氏通譜

部族人名各案中譯為雙

族表而稱部稱族俱散
如鴻吉哩扎拉爾等皆

氏族列于前部而部名次
中而各注於下凡族與

欽定元史語解
卷三

一

三、《欽定元史語解》部族

　　史書不立部族表，而稱部，或稱族，或先稱氏，而後稱部。《欽定元史語解》以氏族列於前，而部名次之，國名則附於部名之中，而各注於下，凡族與部並稱者，則載於姓氏中。元以蒙古語為本，語解內但釋解義，概不複注蒙古語，其滿洲語、唐古特語、梵語、回語，則逐一複注。

《欽定元史語解・部族》滿漢對照表

順次	滿洲語	漢字	羅馬拼音	詞義
1		却　特	kiyot	唐古特語，供獻
2		耶　律	ye lioi	遼國姓
3		瓜爾佳	gūwalgiya	
4		赫舍哩	hešeri	
5		鄂　通	otung	
6		完　顏	wanggiyan	

順次	滿洲語	漢　字	羅馬拼音	詞　義
7		穆　雅	muya	
8		舒穆嚕	šumuru	
9		富　察	fuca	
10		烏庫哩	ukuri	
11		布　希	buhi	
12		尼瑪哈	nimaha	
13		烏克遜	uksun	滿洲語，族
14		鴻吉哩	hūnggiri	
15		鈕祜祿	niohuru	
16		圖克坦	tuktan	
17		富珠哩	fujuri	

順次	滿洲語	漢　字	羅馬拼音	詞　義
18		尼瑪察	nimaca	
19		奇味	kirei	
20		唐古	tanggū	
21		伊奇哩	ikiri	滿洲語， 一連
22		巴約特	bayot	
23		珠嘉	jugiya	
24		巴拜 哈斯	babai has	寶貝 玉
25		昂吉爾	anggir	黃野鴨
26		鼐瑪錦	naimagiya	部落名
27		哈努爾特	harnut	蒙古姓
28		烏雅	uya	

順次	滿洲語	漢　字	羅馬拼音	詞　義
29		舒　嚕	šuru	
30		索　隆　噶	solongga	虹
31		鄂　齊　爾 蘇　達　勒	ocir sudal	金剛 脈
32		伯　蘇	besu	
33		扎　拉 爾	jalar	
34		奈　曼	naiman	
35		孟　古　岱	munggudai	有銀
36		拉　拜	labai	硨磲
37		塔　坦	tatan	
38		沙　卜　珠	šabju	唐古特語， 字鈎

順次	滿洲語	漢　字	羅馬拼音	詞　義
39		蘇尼 特	sunit	
40		喀 喇	kara	
41		欽 察	kinca	部名
42		實 古	sigū	審問
43		察 罕奇 默 爾	cagan merki	白色
44		布格 斯爾 鴻吉 哩	bus ger hūnggiri	帳房
45		伊 奇斯 喇	ikiras	古部名
46		阿 爾拉	arla	
47		學 順	hiyoošun	滿洲語， 孝

順次	滿洲語	漢　字	羅馬拼音	詞　義
48		鄂摩克	omok	
49		賽音	sain	好
50		鄂和爾達	orhoda	人葠
51		莽果	manggo	
52		烏嚕	uru	
53		齊哩克台	ciriktai	有兵
54		圖伯特克呼	tubet kere	西番 野外
55		永古特	yunggut	古部名
56		赫呼	here	
57		訥迪	nedi	

順次	滿洲語	漢　字	羅馬拼音	詞　義
58		巴呼 喇岱	barahūdai	有完
59		錫琳呼	sirin	
60		克呼	kere	
61		多爾托台	dotortai	有內
62		塔塔喇	tatara	
63		扎拉台	jalatai	古部名
64		默濟爾古特	mergijit	
65		巴鄂爾	ba or	唐古特語，勇
66		多咱	dodza	梵語，幢
67		薩木丹	samdan	唐古特語，禪定
68		斡爾喀	warka	

順次	滿洲語	漢　字	羅馬拼音	詞　義
69		蘇爾嘉	surgiya	
70		阿蘇特	asut	蒙古姓
71		蘇頁	suye	萌芽
72		烏赫哩	uheri	滿洲語，總
73		綽特且	cot ciye	唐古特語，大供
74		嘉納克	giyanak	唐古特語，漢人
75		烏哩特	urit	
76		揚珠濟達	yangju jida	儀表槍
77		圖布卜延	tub buyan	正面福

順次	滿洲語	漢　字	羅馬拼音	詞　義
78		塔塔爾	tatar	
79		諤訥嚕台	ūrunetai	有西
80		綽克台	coktai	有威
81		頁普努爾	yepurnu	回信
82		咍魯	halu	滿洲語，細粉
83		哈喇婁	hara luo	黑龍
84		默奇爾斯	merkis	古部名
85		阿齋台	acidai	有恩
86		默呼	mere	
87		烏嚕克台	uruktai	有親戚

順次	滿洲語	漢　字	羅馬拼音	詞　義
88		托克 托台	toktotai	定
89		巴勒 哩都	barildu	善撲
90		烏拉 蘇濟	usulaji	飲馬
91		察克台	caktai	有時
92		奈曼台	naimantai	有八
93		威喇爾 諾爾	oira noor	近池
94		藏密古 密瑪里	dzangmi gumali	回姓
95		布魯古特	bugūlut	

順次	滿洲語	漢　字	羅馬拼音	詞　義
96		塔喇海德濟	tarahai deji	毛稀 上分
97		達蘭奈曼	dalan naiman	七十八
98		阿嚕威	aru oi	山陰 叢林
99		伊伯	ibe	
100		都伯爾特	durbet	部落名
101		蘇達蘇	sudasu	脈
102		約羅	yoro	滿洲語， 響箭
103		通吉	tunggi	
104		布薩	busa	

順次	滿洲語	漢　字	羅馬拼音	詞　義
105		伊喇	ira	
106		特爾格	terge	車
107		兆嘉	joogiya	
108		扎拉	jala	
109		鄂勒歡	olhon	滿洲語，乾
110		齊達濟	cidaji	能
111		哈坦	hatan	性暴
112		嘉塔卜喇	giyabtara	
113		巴延	bayan	
114		輝和爾	hoihor	回部名
115		布延	buyan	福
116		奎蘇	kuisu	臍

順次	滿洲語	漢　字	羅馬拼音	詞　義
117		伊嚕昆 勒	irul kun	福分人
118		延扎		
119		足克家	dzuk gun	身依靠
120		沃呼	were	
121		斯隆瑪	srungma	唐古特語，護法
122		孟古岱	munggudai	有銀
123		贊布凌	dzambuling	唐古特語，部洲
124		騰格哩呼喇	tenggeri hūra	天雨
125		都嚕	duru	

順次	滿洲語	漢　字	羅馬拼音	詞　義
126		雅賚爾	yalair	古部名
127		塔塔爾	tatar	
128		扎哈木克	jamhak	古部名
129		多吉隆斯	dolonggis	古部名
130		扎拉爾	jalar	
131		莽果	manggo	
132		奈曼	naiman	
133		克呼	kere	
134		默奇爾斯	merkis	古部名
135		哈塔錦	hatagin	古部名
136		薩珠勒特	saljut	

順次	滿洲語	漢　字	羅馬拼音	詞　義
137		都爾本	durben	四
138		鴻吉哩	hūnggiri	
139		伊喇奇斯	ikiras	古部名
140		和拉爾斯	horlas	古部名
141		昂齋塔塔爾	angci tatar	打牲人
142		察罕塔塔爾	cagan tatar	白色
143		珠勒根	julgen	部名
144		董阿	dungga	部名

順次	滿洲語	漢　字	羅馬拼音	詞　義
145		浩　爾 實　呼們	hoor širemen	古部名
146		奇　味	kirei	部名
147		尼勒堅	nilgiyan	滿洲語， 光潤
148		果囉羅	gorolo	部名
149		達哩台	daritai	古部名
150		巴　林	barin	扎薩克 地名
151		巴　達 勒　達	ba dalda	滿洲語， 地方遮蔽
152		台　實 衛喇特	taiši oirat	部長 厄魯特

順次	滿洲語	漢　字	羅馬拼音	詞　義
153		奇濟 爾蘇	kir jisu	斑點 顏色
154		伊訥 德 爾 呼	ider nere	壯年名
155		阿達 勒 爾	aldar	名譽
156		衛喇 特	oirat	厄魯特
157		輝和 爾	hoihor	回部名
158		烏梁海	uriyanghai	地名
159		圖們	tumen	
160		穆壘	murui	彎曲
161		欽察	kinca	部名

順次	滿洲語	漢　字	羅馬拼音	詞　義
162		阿克蘇	aksu	回語， 白水
163		綽斯滿	cosman	古部名
164		鴻和岱	honghodai	古部名
165		俄羅斯	oros	部名
166		瑪拉希	malahi	滿洲語， 貍
167		蘇勒坦	sultan	回語， 王
168		法勒哈	falga	滿洲語， 黨
169		巴哈台	bahatai	嗜好
170		痕都斯坦	hendustan	古部名
171		克密實爾	kešimir	外國名
172		阿爾拉	arla	

順次	滿洲語	漢字	羅馬拼音	詞義
173		碩達 勒達	šuwe dalda	滿洲語， 直遮蔽
174		穆蘇 愛滿	mūsu aiman	冰部落
175		伊嚕勒 昆	irul kun	福分人
176		達實密	dasi mi	唐古特語， 吉祥人
177		古桂	gu gui	唐古特語， 九緞
178		濟喇敏	jiramin	滿洲語， 厚
179		伊里裕	iliyu	
180		布奇敦爾	budun kir	粗斑點

順次	滿洲語	漢　字	羅馬拼音	詞　義
181		烏嚕古	urugū	下
182		約蘇 格隆	yosu gelung	道理 比邱
183		巴勒布 痕都坦 斯	balbu hendustan	西藏小部 古部名
184		博囉	boro	
185		巴喇呼	barahū	完
186		諤特斯 古	ūtegus	老
187		和卓	hojo	輝和爾 別部
188		鴻濟爾 古	hūng jigur	大鳥翼

順次	滿洲語	漢字	羅馬拼音	詞義
189		茂齊 哩克	moo cirik	不善兵
190		薩哈勒 鄂蘭	sahal olan	鬚眾多
191		喀喇	kara	
192		阿克實 達	ak dasi	唐古特語， 咒吉祥
193		諤爾根	ūrgen	寬
194		永古特	yunggut	古部名
195		特默齊	temeci	牧駝人
196		哈喇齊	haraci	瞭望人
197		塔齊爾	tacir	瘠地

順次	滿洲語	漢　字	羅馬拼音	詞　義
198		巴奇爾	bakir	河身
199		烏哲	uje	看
200		伊奇哩	ikiri	滿洲語，一連
201		巴剌實勤	bal rasi	威吉祥
202		伊黙爾克	irmek	河岸
203		星喇特納哈	singh'a ratna	梵語，獅寶
204		巴岱噶爾	baga dair	小牡鹿
205		羅布博爾	lobobur	古國名
206		蘇克	suke	斧

順次	滿洲語	漢　字	羅馬拼音	詞　義
207		賽布 音哈	sain buha	好牝牛
208		齊哲 蘇爾	cisu jer	血器械
209		烏魯斯	ulus	國
210		烏衮察	ugunca	古部名
211		拜穆特爾	bai temur	古部名
212		克格 呼爾	kere ger	野外房屋
213		納塔	nata	
214		奇吉爾斯	kirgis	古部名
215		布喇坦	bura tan	回語，有響箭

順次	滿洲語	漢　字	羅馬拼音	詞　義
216		蘇巴 穆達	mūsu daba	冰嶺
217		奈曼岱	naimandai	有八
218		奇德哩	kideri	
219		奇嚕	kiru	滿洲語， 小旗
220		道喇	doora	下
221		伊濟	iji	全副
222		巴勒布	balbu	西藏部名
223		烏嚕斯 哈勒	urushal	流
224		哈努森	hanusen	足
225		達勒達	dalda	滿洲語， 遮蔽

順次	滿洲語	漢　字	羅馬拼音	詞　義
226		岱音 愛滿	dain aiman	敵部落
227		庫庫	kuku	青色
228		穆壘 色埒默	murui seleme	彎刀
229		卜喇哈納 瑪	brah'amana	梵語， 波羅門
230		古嚕布 諾爾久喇卜 古松藏布克 松藏沙嘉	guru norbu guyun sungrab dzangbu šakjiya	梵語，僧 唐古特語， 寶 才能 妙言 好 手印

順次	滿洲語	漢　字	羅馬拼音	詞　義
231		喇卜藏 布齊實 喇卜喇伊格古	rabdzang gumbu rabjai isi gelek guši	唐古特語，甚好 擁護 推廣 智慧 善福 繙經人
232		隆策巴喇噶勒 丹凌勒丹藏	lungdan ts'ering bal rabdan g'aldzang	唐古特語，授記 長壽 威 堅固 善緣
233		布斯	bus	布

順次	滿洲語	漢字	羅馬拼音	詞義
234		珠 赫	juhe	滿洲語，冰
235		茂 巴 爾 斯	moo bars	不善虎
236		哈 喇 和 卓	hara hojo	回城名
237		舒 蘇 台	šusutai	有廩給
238		蘇 爾 嘉	surgiya	
239		額 勒 錦	elgiyen	滿洲語，豐裕
240		拜 格	baige	
241		納 古 爾 岱 爾	nagūr dair	池牡鹿
242		愛 滿	aiman	部落

順次	滿洲語	漢　字	羅馬拼音	詞　義
243		圖　卜	tub	正面
244		巴　齊 瑪　克	bacimak	猝然
245		哈　瑪爾	hamar	鼻
246		鴻　觀	honggon	滿洲語， 鈴
247		蘇爾　噶	surga	教之
248		圖　嚕奇 勒	turulki	稟性
249		克　嚕倫	kerulun	地名
250		實　喇斯 哈	sira has	黃玉
251		阿　嚕蘇 音 烏	aru yen usu	山陰水

順次	滿洲語	漢　字	羅馬拼音	詞　義
252		布噶 勒爾	bulgar	香牛皮
253		薩奇 勒	sakil	戒律
254		和拉 扎木	hola jam	遠路
255		巴噶琳	bagarin	巴林部
256		齊蘇	cisu	血
257		伯奇台	bekitai	有堅固
258		遜尼約特	suniyot	
259		和黙 爾色	hor mese	摔义器械
260		哈哈 喇納	hara hana	黑色毡盧墻

順次	滿洲語	漢字	羅馬拼音	詞義
261		烏蘇	usu	
262		摩和爾	mohor	回語，印
263		阿爾婁	ar luo	花紋龍
264		拉拉和寧	lala honin	滿洲語，末羊
265		博索	boso	滿洲語，山陰
266		烏嚕	uru	
267		諾海	nohai	犬
268		蘇達蘇	sudasu	脈
269		翁觀	onggon	神祇
270		溫倬	onco	滿洲語，寬
271		伊勒錦	ilgin	滿洲語，去毛皮

順次	滿洲語	漢　字	羅馬拼音	詞　義
272		阿勒台	altai	地名
273		默爾格台	mergetai	賢者
274		庫楚克	kucuk	古國名
275		哲袞	jegun	東
276		庫爾哲	kurje	鍬
277		奇雅喇	kiyara	
278		哈克喇沁	harakcin	癸
279		塔勒齊木	tal cim	回語，柳樹有草
280		杭津	hangjin	
281		伊瑪克卓里和	ima lik hojo	山羊相似美

順次	滿洲語	漢　字	羅馬拼音	詞　義
282		滿勒　濟噶	manjilga	瓔珞
283		博羅爾	bolor	玻璃
284		納琳　穆蘇	narin mūsu	細冰
285		阿瑪　里圖	alimatu	有棃
286		海拉蘇	hailasu	榆
287		布噶　爾蘇	burgasu	叢柳
288		鄂喇昆	orakūn	
289		蘇爾坦	surtan	有威
290		拉哩	lari	唐古特語，神山
291		阿勒坦	altan	金

順次	滿洲語	漢　字	羅馬拼音	詞　義
292		圖伯特	tubet	西番
293		額哩頁 諤蘇	eriye ūsu	花紋 髮
294		錫哩勒 瑪	sirimal	絮甲
295		察哈爾	cahar	部落名
296		烏拉爾 必	ulabir	赤色
297		珠爾 噶岱	jurgadai	六指
298		諾果蘇	nogosu	鴨
299		納沁	nacin	鴉鶻
300		徹爾台	certai	有潔淨
301		塔塔喇	tatara	

順次	滿洲語	漢　字	羅馬拼音	詞　義
302		伊克	ike	大
303		和碩瑪勒	hošoo mal	山崗盡處 牲畜
304		烏蘇展	usujan	
305		阿哩袞	arigūn	潔淨
306		巴爾斯	bars	虎
307		約勒伯里	yol beli	回語， 山腰
308		星噶爾德威	sing g'ar de ui	唐古特語， 樹 白色 安 中
309		鄂濟哩	ojiri	
310		庫珠克	kujuk	回語， 機軸

順次	滿洲語	漢　字	羅馬拼音	詞　義
311		庫奇頁	kukiye	鼓勵
312		達哩	dari	大藥
313		穆錫	musi	炒麵
314		布拉克	bulak	泉
315		阿勒呼木	alhūm	一步
316		呼察	hūca	未騸羊
317		都哩木	durim	形勢
318		薩蘭	salan	月
319		茂巴爾	moo bar	不善虎
320		烏克遜	uksun	滿洲語，族
321		哈喇章	harajang	黑心人

順次	滿洲語	漢　字	羅馬拼音	詞　義
322		哈圖 坦嚕	hatan turu	性暴 頭目
323		安扎爾	anjar	匆忙
324		庫特 爾依	kurtei	熱鬧
325		博囉罕圖 巴	borohan batu	微青色 結實
326		庫布 庫哈	kuku buha	青色 牝牛
327		努阿勒 爾坦	nur altan	面金
328		額斯琿	eshun	滿洲語，生
329		瓜爾佳	gūwalgiya	

順次	滿洲語	漢　字	羅馬拼音	詞　義
330	（滿文）	烏　舍	uše	滿洲語，皮條
331	（滿文）	德爾吉	dergi	滿洲語，上
332	（滿文）	噶瑪拉	g'amala	梵語，蓮花葉

資料來源：《欽定四庫全書》，「史部」，《欽定元史語解》，卷三。

　　表中所列部族，以氏族列於前，而部名次之，國名則附於部名之中，而各注於下。表中卻特，唐古特語讀如"kiyot"，意即「供獻」，卷一作「奇渥溫」。「卻特」係元朝本姓，相傳指鳥聲以為姓，後為博爾濟吉特者，係舊部名。耶律，蒙古語讀如"ye lioi"，意即「遼國姓」，卷一作「耶律」。瓜爾佳，讀如"gūwalgiya"，卷一作「夾谷」。赫舍哩，蒙古語讀如"hešeri"，卷一作「紇石烈」，卷一二二作「乞石烈」。鄂通，讀如"otung"，卷一作「奧屯」。完顏，讀如"wanggiya"，卷一作「完顏」。穆雅，讀如"muya"，卷一作「抹撚」。舒穆嚕，讀如"šumuru"，卷一作「石抹」。富察，讀如"fuca"，卷一作「蒲察」。烏庫哩，讀如"ukuri"，卷一作「烏古倫」。布希，讀如"buhi"，卷一作「蒲鮮」。尼瑪哈，讀如"nimaha"，卷一作「尼龐古」。烏克遜，滿洲語讀如"uksun"，意即「族」，卷一作「烏古孫」。鴻吉哩，讀如"hūnggiri"，卷二作「宏吉剌」，卷十七作「宏吉

烈」。鈕祜祿，讀如"niohuru"，卷二作「粘合」。圖克坦，讀如"tuktan"，卷二作「徒單」。富珠哩，讀如"fujuri"，卷二作「孛木魯」。尼瑪察，讀如"nimaca"，卷二作「乃馬真」。奇哶，讀如"kirei"，卷三作「怯烈」，卷二十二作「怯列」。唐古，讀如"tanggū"，卷六作「唐兀」。

伊奇哩，滿洲語讀如"ikiri"，意即「一連」，卷十六作「亦乞烈」，卷十九作「亦乞列」，卷二十七作「亦啟烈」。巴約特，讀如"bayot"，卷二十作「伯岳吾」，卷一一四作「伯岳吾台」。珠嘉，讀如"jugiya"，卷二十一作「朮甲」。巴拜哈斯，蒙古語讀如"babai has"，意即「寶貝玉」，卷二十九作「八八罕」。昂吉爾，蒙古語讀如"anggir"，意即「黃野鴨」，卷三十二作「雍吉剌」，卷一三四作「甕吉剌」。鼐瑪錦，蒙古語讀如"naimagin"，意即「奈曼之部落」，卷三十七作「乃蠻真」，卷一〇六作「乃馬錦」。哈爾努特，蒙古語讀如"harnut"，即蒙古姓，卷三十八作「罕祿魯」。烏雅，讀如"uya"，卷四十二作「兀顏」。舒嚕，讀如"šuru"，卷四十四作「述律」。索隆噶，蒙古語讀如"solongga"，意即「虹」，卷四十六作「肅良合」。鄂齊爾蘇達勒，蒙古語讀如"ocir sudal"，意即「金剛脈」，卷四十七作「瓦只剌孫答里」。伯蘇，讀如"besu"，卷七十七作「別速」。扎拉爾，讀如"jalar"，卷七十七作「扎剌兒」。奈曼，讀如"naiman"，卷七十七作「乃蠻」，卷一二三作「乃馬」。孟古岱，蒙古語讀如"munggudai"，意即「有銀」，卷七十七作「忙古台」。拉拜，蒙古語讀如"labai"，意即「硨

碟」，卷七十七作「列班」。塔坦，讀如“tatan”，卷七十七作「塔達」。沙卜珠，唐古特語讀如“šabju”，意即「字鈎」，卷七十七作「刪竹」。蘇尼特，讀如“sunit”，卷七十七作「雪泥」。喀喇，讀如“kara”，卷九十九作「康禮」，卷一三四作「康里」，卷一九〇作「凱烈」。

欽察，蒙古語讀如“kinca”，部名，卷一〇六作「欽察」。實古，蒙古語讀如“sigū”，意即「審問」，卷一一五作「侍郭」。察罕默爾奇，蒙古語「察罕」讀如“cagan”，意即「白色」，「默爾奇」讀如“merki”，卷一一七作「察渾滅兒乞」。布斯格爾鴻吉哩，蒙古語「布斯格爾」讀如“bus ger”，意即「帳房」，「鴻吉哩」讀如“hūnggiri”，卷一一八作「孛思忽兒宏吉剌」。伊奇喇斯，蒙古語讀如“ikiras”，古部名，卷一一八作「亦乞列思」。阿爾拉，讀如“arla”，卷一一九作「阿兒剌」。學順，滿洲語讀如“hiyoošun”，意即「孝」，卷一一九作「許兀慎」。鄂摩克，讀如“omok”，卷一二〇作「烏密」，卷一四四作「吾密」。賽音，蒙古語讀如“sain”，意即「好」，卷一二〇作「賽夷」。鄂爾和達，滿洲語讀如“orhoda”，意即「人葠」，卷一二〇作「兀魯兀台」。莽果，讀如“manggo”，卷一二〇作「忙兀」。烏嚕，讀如“uru”，卷一二〇作「兀魯」。齊哩克台，蒙古語讀如“ciriktai”，意即「有兵」，卷一二〇作「怯烈台」。圖伯特克呼，蒙古語「圖伯特」讀如“tubet”，意即「西番」，「克呼」讀如“kere”，意即「野外」，卷一二〇作「禿伯怯烈」。永古特，蒙古語讀如“yunggut”，古部名，卷一二一作「雍古」。赫呼，讀如“here”，卷一二二作「合

魯」。訥迪，讀如 "nedi"，卷一二二作「奴丹」。巴喇呼岱，蒙古語讀如 "barahūdai"，意即「有完」，卷一二二作「八剌忽觸」。錫琳，讀如 "sirin"，卷一二二作「昔里」。克呼，讀如 "kere"，卷一二二作「克烈」。

　　多托爾台，蒙古語讀如 "dotortai"，意即「有內」，卷一二三作「脫脫里台」。塔塔喇，讀如 "tatara"，卷一二三作「脫脫里」，卷一三五作「答答义」。扎拉台，蒙古語讀如 "jalatai"，古部名，卷一二三作「扎剌台」。默爾吉濟特，讀如 "mergijit"，卷一二三作「麥里吉台」，卷一三八作「蔑兒吉觸」。巴鄂爾，唐古特語讀如 "ba or"，意即「勇」，卷一二三作「八瓦耳」。多咱，梵語讀如 "dodza"，意即「幢」，卷一二三作「掇族」。薩木丹，唐古特語讀如 "samdan"，意即「禪定」，卷一二三作「散木台」。斡爾喀，讀如 "warka"，卷一二三作「斡耳那」。蘇爾嘉，讀如 "surgiya"，卷一二三作「束呂紀」。阿蘇特，蒙古語讀如 "asut"，意即「蒙古姓」，卷一二三作「阿速」。蘇頁，蒙古語讀如 "suye"，意即「萌芽」，卷一二三作「薛亦」。烏赫哩，滿洲語讀如 "uheri"，意即「總」，卷一二四作「吾和利」。綽特且，唐古特語讀如 "cot ciye"，意即「大供」，卷一二四作「乞咬契」。嘉納克，唐古特語讀如 "giyanak"，意即「漢人」，卷一二五作「伽乃」。烏哩特，讀如 "urit"，卷一二八作「兀良」。揚珠濟建，蒙古語「揚珠」讀如 "yangju"，意即「儀表」，「濟達」讀如 "jida"，意即「槍」，卷一三〇作「燕只吉台」，卷一四〇作「燕只吉觸」。圖卜布延，蒙古語「圖卜」讀如 "tub"，意即「正面」「布延」讀如

"buyan"，意即「福」，卷一三〇作「土別燕」。

塔塔爾，讀如"tatar"，卷一三一作「達達兒」。諤嚕訥台，蒙古語讀如"ūrunetai"，意即「有西」，卷一三一作「斡魯訥台」。綽克台，蒙古語讀如"coktai"，意即「有威」，卷一三二作「徹兀臺」。頁普爾努，蒙古語讀如"yepurnu"，係回姓，卷一三二作「野蒲」。哈魯，滿洲語讀如"halu"，意即「細粉」，卷一三二作「哈魯」。哈喇婁，蒙古語讀如"hara luo"，意即「黑龍」，卷一三二作「哈剌魯」。默爾奇斯，蒙古語讀如"merkis"，古部名，卷一三四作「蔑里吉」。阿齊台，蒙古語讀如"acitai"，意即「有恩」，卷一三四作「按赤歹」。默呼，讀如"mere"，卷一三五作「明理」，卷一九七作「迷裏」。烏嚕克台，蒙古語讀如"uruktai"，意即「有親戚」，卷一三五作「兀羅帶」。托克托台，蒙古語讀如"toktotai"，意即「定」，卷一三五作「脫脫忒」。巴哩勒都，蒙古語讀如"barildu"，意即「善撲」，卷一三五作「八魯剌觪」。烏蘇拉濟，蒙古語讀如"usulaji"，意即「飲馬」，卷一三五作「兀速兒吉」。察克台，蒙古語讀如"caktai"，意即「有時」，卷一三五作「察察台」。奈曼台，蒙古語讀如"naimantai"，意即「有八」，卷一三五作「乃蠻台」。威喇諾爾，蒙古語「威喇」讀如"oira"，意即「近」，「諾爾」讀如"noor"，意即「池」，卷一三六作「斡剌納兒」。臧密古瑪里，蒙古語讀如"dzangmi gumali"，係回姓，卷一三六作「苫滅古麻里」。布古魯特，讀如"bugūlut"，卷一三六作「別哥倫」。

塔喇海德濟，蒙古語「塔喇海」讀如"tarahai"，意

即「毛稀」，「德濟」讀如“deji”，意即「上分」，卷一三六作「達海的斤」。達蘭奈曼，蒙古語「達蘭」讀如“dalan”，意即「七十」，「奈曼」讀如“naiman”，意即「八」，卷一四○作「答魯乃蠻」。阿嚕威，蒙古語「阿嚕」讀如“aru”，意即「山陰」，「威」讀如“oi”，意即「叢林」，卷一四二作「阿魯溫」。伊伯，讀如“ibe”，卷一四三作「耶卜」。都爾伯特，蒙古語讀如“durbet”，係部落名。卷一四四作「多禮伯臺」。蘇達蘇，蒙古語讀如“sudasu”，意即「脈」，卷一四五作「遜都思」。約囉，滿洲語讀如“yoro”，意即「響箭」，又作「鳴鏑」、「骲頤箭」，卷一四九作「姚里」。通吉，讀如“tunggi”，卷一四九作「獨吉」。布薩，讀如“busa”，卷一四九作「僕散」。伊喇，讀如“ira”，卷十六作「移剌」，卷七十八作「乙剌」。特爾格，蒙古語讀如“terge”，意即「車」，卷一五二作「迪列紇」。逃嘉，讀如“joogiya”，卷一五九作「尤要甲」。扎拉，讀如“jala”，卷一七三作「扎剌」。鄂勒歡，滿洲語讀如“olhon”，意即「乾」，卷一七八作「阿魯渾」。齊達濟，蒙古語讀如“cidaji”，意即「能」，卷一八○作「赤帖吉」。哈坦，蒙古語讀如“hatan”，意即「性暴」，卷一九三作「合丹」。嘉卜塔喇，讀如“giyabtara”，卷一九三作「希召特勒」。巴延，讀如“bayan”，卷一九○作「伯顏」。輝和爾，蒙古語讀如“hoihor”，係回部，卷一九五作「畏吾兒」。

布延，蒙古語讀如“buyan”，意即「福」，卷一九五作「普顏」。奎蘇，蒙古語讀如“kuisu”，意即「臍」，卷一九七作「古思」。伊嚕勒昆，蒙古語「伊嚕勒」讀

如 "irul"，意即「福分」，「昆」讀如 "kun"，意即「人」，卷一九七作「也里可溫」。延扎，讀如 "yanja"，卷一九九作「顏盞」。足克袞，唐古特語「足克」讀如 "dzuk"，意即「身」，「袞」讀如 "gun"，意即「依靠」，卷二○二作「族歇」。沃呼，讀如 "were"，卷二○五作「斡呼」。斯隆瑪，唐古特語讀如 "srungma"，意即「護法」，卷六作「弄麻」，係族名。孟古岱，蒙古語讀如 "munggudai"，意即「有銀」，卷七作「忙古帶」，係族名。贊布凌，唐古特語讀如 "dzambuling"，意即「部洲」，卷二十八作「參卜郎」，係族名。騰格哩呼喇，蒙古語「騰格哩」讀如 "tenggeri"，意即「天」，「呼喇」讀如 "hūra"，意即「雨」，卷一○七作「統急里忽魯」，係族名。都嚕，讀如 "duru"，卷一七四作「朵魯」。雅賚爾，蒙古語讀如 "yalair"，係古部名，卷一作「押剌伊而」。塔塔爾，讀如 "tatar"，卷一作「塔塔兒」，卷一一五作「答答兒」，係部名。扎木哈克，蒙古語讀如 "jamhak"，係古部名，卷一作「扎木合」。多隆吉斯，蒙古語讀如 "dolunggis"，係古部名，卷一作「朵郎吉」。扎拉爾，讀如 "jalar"，卷一作「扎拉兒」，卷三作「扎拉亦兒」，卷十三作「扎剌伊兒」，係部名。莽果，讀如 "manggo"，卷一作「忙兀」，係部名。

奈曼，讀如 "naiman"，卷一作「乃蠻」，卷六十三作「乃滿」，係部名。克呼，讀如 "kere"，卷一作「克烈」，係部名。默爾奇斯，蒙古語讀如 "merkis"，係古部名，卷一作「蔑里乞」，卷一一九作「蔑里吉」，卷一二一作「滅吉里」，卷一二八作「麥怯斯」。哈塔錦，讀如

"hatagin"，係古部名，卷一作「哈答斤」。薩勒珠特，讀如"saljut"，卷一作「散只兀」，卷一二三作「散只兒」，係部名。都爾本，蒙古語讀如"durben"，意即「四」，卷一作「朶魯班」，係部名。鴻吉哩，讀如"hūnggiri"，卷一作「宏吉剌」，又作「宏吉利」，卷二十八作「晃吉剌」，係部名。伊奇喇斯，蒙古語讀如"ikiras"，係古部名，卷一作「亦乞剌思」，又作「亦乞列」，卷十五作「亦乞列思」，卷一一九作「亦乞烈思」，卷一二一作「亦其列思」，係部名。和爾拉斯，蒙古語讀如"horlas"，係古部名，卷一作「大魯剌思」。昂齊塔塔爾，蒙古語「昂齊」讀如"angci"，意即「打牲人」，「塔塔爾」讀如"tatar"，卷一作「按赤塔塔兒」，係部名。察罕塔塔爾，蒙古語「察罕」讀如"cagan"，「塔塔爾」讀如"tatar"，卷一作「察罕塔塔兒」，係部名。珠勒根，讀如"julgen"，卷一作「朱力斤」，係部名。董阿，讀如"dungga"，卷一作「董哀」，係部名。浩爾實哷們，蒙古語讀如"hoor širemen"，係古部名，卷一作「火力失烈門」。奇哷，讀如"kirei"，卷一作「怯里亦」，係部門。尼勒堅，滿洲語讀如"nilgiyan"，意即「光潤」，卷一作「溺兒斤」，係部名。果囉羅，讀如"gorolo"，卷一作「火魯剌」，係部名。達哩台，讀如"daritai"，係古部名，卷一作「答力台」。

巴林，蒙古語讀如"barin"，扎薩克地名，卷一作「把憐」，卷十五作「八鄰」，係部名。巴達勒達，滿洲語讀如"ba dalda"，意即「地方遮蔽」，卷一作「白達達」，係部名。台實衛喇特，蒙古語「台實」讀如

"taiši"，意即「部長」，「衛喇特」讀如"oirat"，意即「厄魯特部落」，卷一作「太石猥剌」，係部名。奇爾濟蘇，蒙古語「奇爾」讀如"kir"，意即「斑點」，「濟蘇」讀如"jisu"，意即「顏色」，卷一作「乞力吉思」，卷七作「乞里吉思」，卷十二作「曲立吉思」，卷十五作「乞兒乞思」，係部名。伊德爾訥呼，蒙古語「伊德爾」讀如"ider"，意即「壯年」，「訥呼」讀如"nere"，意即「名」，卷一作「野牒亦納里」，係部名。阿勒達爾，蒙古語讀如"aldar"，意即「名譽」，卷一作「阿里替也兒」，係部名。衛喇特，蒙古語讀如"oirat"，意即「厄魯特部落」，卷一作「斡亦剌」，係部名。輝和爾，蒙古語讀如"hoihor"，亦即「回部名」，卷一作「畏吾兒」，卷六作「畏兀」，卷七作「畏吾」，卷十九作「畏吾而」，卷四十作「主吾」，係國名。烏梁海，蒙古語讀如"uriyanghai"，係喀爾喀地名，卷一作「兀剌海」，卷十五作「兀良合」，卷三十八作「乃良合」，係部名。圖們，蒙古語讀如"tumen"，卷一作「禿滿」，係部名。穆壘，蒙古語讀如"murui"，意即「彎曲」，卷一作「木剌夷」，卷二作「木羅夷」，係國名。

　　欽察，蒙古語讀如"kinca"，卷二原文作「欽察」，卷六十三作「欽义」，係部名。阿克蘇，回語讀如"aksu"，意即「白水」，卷二作「阿速」，卷五作「阿述」，卷十五作「阿束」，卷十八作「阿思」，卷二十五作「阿宿」，係部名。卷六十三作「阿速」，又作「阿思」，係國名。綽斯滿，蒙古語讀如"cosman"，係古部名，卷二作「搠思蠻」。鴻和岱，蒙古語讀如"honghodai"，係古部名，

卷三作「黃忽答」。俄羅斯，蒙古語讀如"oros"，卷三作「斡羅思」，卷十八作「兀魯思」，係部名。瑪拉希，滿洲語讀如"malahi"，意即「貍」，卷三作「沒里奚」，係國名。蘇勒坦，回語讀如"sultan"，意即「王」，卷三作「素丹」，係國名。法勒哈，滿洲語讀如"falga"，意即「黨」，卷三作「哈里發」，係國名。巴哈台，蒙古語讀如"bahatai"，意即「嗜好」，卷三作「八哈塔」，係國名。痕都斯坦，蒙古語讀如"hendustan"，係古部名，卷三作「欣都思」，係國名，卷一二九作「遜都思」，係部名。克實密爾，蒙古語讀如"kešimir"，係外國名，卷三作「怯失迷兒」，係國名，卷一二五作「迦葉密兒」，卷一四九作「乞石迷」，係部名。阿爾拉，讀如"arla"，卷三作「阿兒剌」，係部名。碩達勒達，滿洲語「碩」讀如"šuwe"，意即「直」，「達勒達」讀如"dalda"，意即「遮蔽」，卷四作「水達達」，係部名。穆蘇愛滿，蒙古語「穆蘇」讀如"mūsu"，意即「冰」，「愛滿」讀如"aiman"，意即「部落」，卷五作「木速蠻」，係部名。

伊嚕勒昆，蒙古語讀如"irul kun"，意即「福分人」，卷五作「也里可溫」，係部名。達實密，唐古特語讀如"dasi mi"，意即「吉祥人」，卷五作「答失蠻」，係部名。古桂，唐古特語「古」讀如"gu"，意即「九」，「桂」讀如"gui"，意即「緞」，卷五作「骨蒐」，係部名。濟喇敏，滿洲語讀如"jiramin"，意即「厚」，卷五作「吉里迷」，卷一一九作「吉烈滅」，係國名。伊里裕，讀如"iliyu"，卷五作「亦里于」，係部名。布敦奇爾，蒙古語讀如"budun kir"，意即「粗斑點」，卷六作

「八東乞兒」，係部名。烏嚕古，蒙古語讀如 "urugū" ，意即「下」，卷七作「兀魯吾」，卷十五作「吾魯兀」，卷三十作「兀魯兀」，係部名。約蘇格隆，蒙古語「約蘇」讀如 "yosu" ，意即「道理」，唐古特語「格隆」讀如 "gelung" ，意即「比邱」，卷七作「欲速公弄」，係部名。巴勒布痕都斯坦，蒙古語「巴勒布」讀如 "balbu" ，意即「西藏一小部名」，「痕都斯坦」讀如 "hendustan" ，係古部名，卷七作「扮卜忻都」，係國名。博囉，讀如 "boro" ，卷八作「八魯」，卷三十五作「孛羅」，卷二〇三作「波羅」，係部名。巴喇呼，蒙古語讀如 "barahū" ，意即「完」，卷十作「八里灰」，卷三十作「八兒忽」，係部名。諤特古斯，蒙古語讀如 "ūtegus" ，意即「老」，卷十一作「月脫古斯」，卷十四作「斡脫吉思」，係部名。和卓，蒙古語讀如 "hojo" ，即輝和爾之別部，卷十一作「火拙」，係部名。

鴻濟古爾，蒙古語讀如 "hūngjigur" ，意即「大鳥翼」，卷十一作「歡只兀」，係部名。茂齊哩克，蒙古語讀如 "moo cirik" ，意即「不善之兵」，卷十一作「滅乞里」，係部名。薩哈勒鄂蘭，蒙古語「薩哈勒」讀如 "sahal" ，意即「鬚」，「鄂蘭」讀如 "olan" ，意即「眾多」，卷十二作「撒合兒兀魯」，係部名。喀喇，讀如 "kara" ，卷十三作「康里」，係部名。阿克達實，唐古特語「阿克」讀如 "ak" ，意即「咒」，「達實」讀如 "dasi" ，意即「吉祥」，卷十四作「阿黑答思」，係部名。諤爾根，蒙古語讀如 "ūrgen" ，意即「寬」，卷十四作「阿兒渾」，係部名。永古特，蒙古語讀如

"yunggut"，係古部名，卷十四作「雍古」，係部名。特默齊，蒙古語讀如"temeci"，意即「牧駝人」，卷十六作「探馬赤」，係部名。哈喇齊，蒙古語讀如"haraci"，意即「瞭望人」，卷十五作「合剌赤」，係部名。塔齊爾，蒙古語讀如"tacir"，意即「瘠地」，卷十六作「滕竭兒」，卷五十作「塔察兒」，係部名。巴奇爾，蒙古語讀如"bakir"，意即「河身」，卷十六作「別笳兒」，係部名。烏哲，蒙古語讀如"uje"，意即「看」，卷十六作「斡者」，係部名。伊奇哩，滿洲語讀如"ikiri"，意即「一連」，卷一三一作「捏怯烈」，係部名。巴勒喇實，唐古特語「巴勒」讀如"bal"，意即「威」，「喇實」讀如"rasi"，意即「吉祥」，卷十六作「八魯剌思」，係部名。伊爾默克，蒙古語讀如"irmek"，意即「河岸」，卷十六作「牙兒馬兀」，係部名。

　　星哈喇特納，梵語「星哈」讀如"singh'a"，意即「獅」，「喇特納」讀如"ratna"，意即「寶」，卷十六作「新合剌的音」，卷十七作「信合納帖音」，係國名。巴噶岱爾，蒙古語「巴噶」讀如"baga"，意即「小」，「岱爾」讀如"dair"，意即「牡鹿」，卷十六作「八忽帶兒」，係部名。羅博布爾，蒙古語讀如"lobobur"，係古國名，卷十六作「羅孛卜兒」。蘇克，蒙古語讀如"suke"，意即「斧」，卷十七作「速哥」，係部名。賽音布哈，蒙古語讀如"sainbuha"，意即「好牝牛」，卷十七作「賽因不花」，係部名。齊蘇哲爾，蒙古語「齊蘇」讀如"cisu"，意即「血」，「哲爾」讀如"jer"，意即「器械」，卷十七作「察昔折一列」，係部名。烏魯斯，蒙古

語讀如"ulus"，意即「國」，卷十七作「斡羅斯」，卷三十八作「兀魯斯」，卷六十三作「阿羅思」，係部名。烏袞察，蒙古語讀如"ugunca"，係古部名，卷十七作「兀渾察」，係部名。拜特穆，蒙古語讀如"bai temur"，係古部名，卷十七作「伯鐵木」。克呼格爾，蒙古語「克呼」讀如"kere"，意即「野外」，「格爾」讀如"ger"，意即「房屋」，卷十七作「闊藍可兒」，卷十八作「闊藍」，係國名。納塔，讀如"nata"，卷十七作「納答」，係國名。奇爾吉斯，蒙古語讀如"kirgis"，係古部名，卷十八作「乞里乞思」。布喇坦，回語「布喇」讀如"bura"，意即「響箭」，「坦」讀如"tan"，意即「有」，卷十九作「不剌壇」，係國名。

　　穆蘇達巴，蒙古語「穆蘇」讀如"mūsu"，意即「冰」，「達巴」讀如"daba"，意即「嶺」，卷二十一作「木思答伯」，係部名。奈曼岱，蒙古語讀如"naimandai"，意即「有八」，卷二十二作「乃蠻帶」，係部名。奇德哩，讀如"kideri"，卷二十二作「謹的里」，係部名。奇嚕，滿洲語讀如"kiru"，意即「小旗」，卷二十五作「曲魯」，係部名。道喇，蒙古語讀如"doora"，意即「下」，卷二十七作「盜洛」，係部名。伊濟，蒙古語讀如"iji"，意即「全副」，卷二十七作「牙濟」，係國名。巴勒布，蒙古語讀如"balbu"，係西藏一小部名，卷二十七作「班卜」，係國名。烏嚕斯哈勒，蒙古語讀如"urushal"，意即「流」，卷二十七作「兀兒速憨」，係部名。哈努森，蒙古語讀如"hanusen"，意即「足」，卷二十七作「哈納思」，係部名。達勒達，滿洲

語讀如"dalda"，意即「遮蔽」，卷二十九作「達達」，
係國名。岱音愛滿，蒙古語「岱音」讀如"dain"，意即
「敵」，「愛滿」讀如"aiman"，意即「部落」，卷二十
九作「答陽失蠻」，係部名。庫庫，蒙古語讀如"kuku"，
意即「青色」，卷二十九作「闊闊」，係部名。穆壘色埒
默，蒙古語讀如"murui seleme"，意即「彎刀」，卷二
十九作「木憐撒兒蠻」，係部名。卜喇哈瑪納，梵語讀如
"brah'amana"，意即「波羅門」，卷三十作「卜剌麻沙
搠」，係部名。古嚕諾爾布古允松喇卜藏布沙克嘉，梵語
「古嚕」讀如"guru"，意即「僧」，唐古特語「諾爾布」
讀如"norbu"，意即「寶」，「古允」讀如"guyun"，意
即「才能」，「松喇卜」讀如"sungrab"，意即「妙言」，
「藏布」讀如"dzangbu"，意即「好」，「沙克嘉」讀
如"šakjiya"，意即「手印」，卷三十作「古籠羅烏公遠
宗蘭宗字兒間沙加堅」，係部名。喇卜藏袞布喇卜齋伊實
格埒克古實，唐古特語「喇卜藏」讀如"rabdzang"，意
即「甚好」，「袞布」讀如"gumbu"，意即「擁護」，
「喇卜齋」讀如"rabjai"，意即「推廣」，「伊實」讀
如"isi"，意即「智慧」，「格埒克」讀如"gelek"，意
即「善福」，「古實」讀如"guši"，意即「繙經人」，
卷三十作「蘭宗古卜剌卜吉里昔吉林亦木石威石」，係部
名。隆丹策凌巴勒喇卜丹噶勒藏，唐古特語「隆丹」讀如
"lungdan"，意即「授記」，「策凌」讀如"ts'ering"，
意即「長壽」，「巴勒」讀如"bal"，意即「威」，「喇
卜丹」讀如"rabdan"，意即「堅固」，「噶勒藏」讀如
"g'aldzang"，意即「善緣」，卷三十作「籠答乞列八里阿

卜魯答思阿答藏」，係部名。布斯，蒙古語讀如 "bus"，
意即「布」，卷三十作「孛斯」，係部名。珠赫，滿洲語讀
如 "juhe"，意即「冰」，卷三十三作「木忽」，係部名。
茂巴爾斯，蒙古語讀如 "moo bars"，意即「不善虎」，卷
三十四作「木巴剌沙」，係部名。哈喇和卓，蒙古語讀如
"hara hojo"，回城名，卷三十四作「哈剌火州」，係部
名。舒蘇台，蒙古語讀如 "šusutai"，意即「有廩給」，卷
三十四作「許失台」，係部名。蘇爾嘉，讀如 "surgiya"，
卷三十四作「速怯」，係部名。額勒錦，滿洲語讀
如 "elgiyen"，意即「豐裕」，卷三十四作「月謹真」，係部
名。

拜格，讀如 "baige"，卷三十四作「孛可」，係部
名。納古爾岱爾，蒙古語「納古爾」讀如 "nagūr"，意即
「池」，「岱爾」讀如 "dair"，意即「牡鹿」，卷三十五
作「納忽答兒」，係部名。愛滿，蒙古語讀如 "aiman"，
意即「部落」，卷三十八作「愛馬」，係部名。圖卜，蒙
古語讀如 "tub"，意即「正面」，卷四十三作「禿卜」，
係部名。巴齊瑪克，蒙古語讀如 "bacimak"，意即「猝
然」，卷五十作「八赤蠻」，係部名。哈瑪爾，蒙古語讀如
"hamar"，意即「鼻」，卷五十作「合木裏」，卷一二二
作「罕勉力」，係部名。鴻觀，滿洲語讀如 "honggon"，
意即「鈴」，卷五十作「洪寬」，係部名。蘇爾噶，蒙古語
讀如 "surge"，意即「教之」，卷五十九作「速憨」，係
部名。圖嚕勒奇，蒙古語讀如 "turulki"，意即「稟性」，
卷六十三作「途魯吉」，係部名。克嚕倫，蒙古語讀如
"kerulun"，喀爾喀地名，卷六十三作「柯耳魯」，卷一

六九作「乞祿倫」，係部名。實喇哈斯，蒙古語讀如"sira
has"，意即「黃玉」，卷六十三作「撒耳柯思」，係部
名。阿嚕音烏蘇，蒙古語讀如"aru yen usu"，意即「山陰
水」，卷六十三作「阿蘭阿思」，係部名。布勒噶爾，蒙
古語讀如"bulgar"，意即「香牛皮」，卷六十三作「不里
阿耳」，係部名。薩奇勒，蒙古語讀如"sakil"，意即「戒
律」，卷六十三作「撒吉剌」，係部名。和拉扎木，蒙古
語讀如"hola jam"，意即「遠路」，卷六十三作「花剌子
模」，係部名。

　　巴噶琳，蒙古語讀如"bagarin"，即巴林部之全字，
卷六十三作「八哈剌音」，係部名。齊蘇，蒙古語讀如
"cisu"，意即「血」，卷六十三作「怯失」，係部名。伯
奇台，蒙古語讀如"bekitai"，意即「有堅固」，卷六十
三作「八吉打」，係部名。遜尼約特，讀如"sunniyot"，
卷六十三作「孫丹尼牙」，係部名。和爾默色，蒙古語
「和爾」讀如"hor"，意即「摔义」，「默色」讀如
"mese"，意即「器械」，卷六十三作「忽里模子」，
係部名。哈喇哈納，蒙古語讀如"hara hana"，意即「黑
色氈盧墻」，卷六十三作「撼合納」，係部名。烏蘇，
讀如"usu"，卷六十三作「烏斯」，係國名。摩和爾，
回語讀如"mohor"，意即「印」，卷六十三作「昂可
剌」，係國名。阿爾婁，蒙古語「阿爾」讀如"ar"，意
即「花紋」，「婁」讀如"luo"，意即「龍」，卷九十
六作「月兒魯」，係部名。拉拉和寧，滿洲語「拉拉」讀
如"lala"，意即「末」，「和寧」讀如"honin"，意即
「羊」，卷九十八作「落落和泥」，係部名。博索，滿洲

語讀如"boso"，意即「山陰」，卷九十九作「別速」，係部名。烏嚕，讀如"uru"，卷九十九作「兀魯」，係部名。諾海，蒙古語讀如"nohai"，意即「犬」，卷九十九作「納海」，係部名。蘇達蘇，蒙古語讀如"sudasu"，意即「脈」，卷一一七作「遜篤思」，係部名。翁觀，蒙古語讀如"onggon"，意即「神祇」，卷一一八作「汪古」，係部名。

溫綽，滿洲語讀如"onco"，意即「寬」，卷一一九作「斡拙」，係部名。伊勒錦，滿洲語讀如"ilgin"，意即「去毛皮」，卷一一九作「要兒斤」，係部名。阿勒台，蒙古語讀如"altai"，蒙古地名，卷一一九作「按台」，係部名。默爾格台，蒙古語讀如"mergetai"，意即「賢者」，卷一二〇作「滅兒乞台」，係部名。庫楚克，蒙古語讀如"kucuk"，係古國名，卷一二〇作「曲出」。哲袞，蒙古語讀如"jegun"，意即「東」，卷一二〇作「只溫」，係國名。庫爾哲，蒙古語讀如"kurje"，意即「鍬」，卷一二〇作「谷兒只」，係部名。奇雅喇，讀如"kiyara"，卷一二〇作「怯烈亦」，係部名。哈喇克沁，蒙古語讀如"harakcin"，意即「壬癸之癸」，卷一二〇作「哈剌哈真」，係部名。塔勒齊木，回語「塔勒」讀如"tal"，意即「柳樹」，「齊木」讀如"cim"，意即「有草」，卷一二一作「特勒赤閔」，係部名。杭津，讀如"hangjin"，卷一二一作「杭斤」，係部名。伊瑪里克和卓，蒙古語「伊瑪」讀如"ima"，意即「山羊」，「里克」讀如"lik"，意即「相似」，「和卓」讀如"hojo"，意即「回語美稱」，卷一二一作「也迷里霍只」，係部名。滿濟勒噶，蒙古語讀如

"manjilga"，意即「瓔珞」，卷一二一作「馬札兒」，係部名。博羅爾，蒙古語讀如 "bolor"，意即「玻璃」，卷一二一作「孛烈兒」，係部名。納琳穆蘇，蒙古語「納琳」讀如 "narin"，意即「細」，「穆蘇」讀如 "mūsu"，意即「冰」，卷一二一作「乃捏迷思」，係部名。阿里瑪圖，蒙古語讀如 "alimatu"，意即「有梨」，卷一二一作「阿里麻里」，係國名。

　　海拉蘇，蒙古語讀如 "hailasu"，意即「榆」，卷一二一作「哈剌斯」，係部名。布爾噶蘇，蒙古語讀如 "burgasu"，意即「叢柳」，卷一二一作「博羅思」，係部名。鄂喇昆，讀如 "orakūn"，卷一二一作「斡羅罕」，係部名。蘇爾坦，蒙古語讀如 "surtan"，意即「有威」，卷一二二作「鎖潭」，係國名。拉哩，唐古特語讀如 "lari"，意即「神山」，卷一二二作「剌里」，係部名。阿勒坦，蒙古語讀如 "altan"，意即「金」，卷一二三作「按攤」，係部名。圖伯特，蒙古語讀如 "tubet"，意即「西番」，卷一二三作「土播思」，係部名。額哩頁諤蘇，蒙古語「額哩頁」讀如 "eriye"，意即「花紋」，「諤蘇」讀如 "ūsu"，意即「髮」，卷一二三作「也里牙阿速」，係部名。錫哩瑪勒，蒙古語讀如 "sirimal"，意即「絮甲」，卷一二四作「唆里迷」，係國名。察哈爾，蒙古語讀如 "cahar"，卷一二四作「察哈」，係部名。烏拉必爾，蒙古語讀如 "ulabir"，意即「赤色」，卷一二四作「穩兒別里」，係部名。珠爾噶岱，蒙古語讀如 "jurgadai"，意即「六指」，卷一二八作「只兒瓦台」，係部名。諾果蘇，蒙古語讀如 "nogosu"，意即「鴨」，卷一三一作「捏

古思」，係部名。納沁，蒙古語讀如“nacin”，意即「鴉
鶻」，卷一三一作「那亦勒」，係部名。徹爾台，蒙古語讀
如“certai”，意即「有潔淨」，卷一三二作「徹里臺」，係
部名。塔塔喇，讀如“tatara”，卷一三二作「脫脫憐」，係
部名。

　　伊克，蒙古語讀如“ike”，意即「大」，卷一三二
作「也可」，係部名。和碩瑪勒，蒙古語「和碩」讀如
“hošoo”，意即「山崗盡處」，「瑪勒」讀如“mal”，
意即「牲畜」，卷一三二作「和少瑪賴」，係部名。烏蘇
展，讀如“usujan”，卷一三三作「斡思堅」，係國名。阿
哩袞，蒙古語讀如“arigūn”，意即「潔淨」，卷一三三作
「阿剌溫」，係部名。巴爾斯，蒙古語讀如“bars”，意即
「虎」，卷一三三作「八思」，係部名。約勒伯里，回語讀
如“yol beli”，意即「山腰」，卷一三四作「玉耳別里」，
係部名。星噶爾德威，唐古特話「星」讀如“sing”，
意即「樹」，「噶爾」讀如“g’ar”，意即「白色」，
「德」讀如“de”，意即「安」，「威」讀如“ui”，意即
「中」，卷一三四作「星哈剌的威」，係國名。鄂濟哩，
讀如“ojiri”，卷一四五作「瓦吉剌」，係部名。庫珠克，
回語讀如“kujuk”，意即「機軸」，卷一四九作「古徐
鬼」，係國名。庫奇頁，蒙古語讀如“kukiye”，意即「鼓
勵」，卷一四九作「可弗乂」，係國名。達哩，蒙古語讀如
“dari”，意即「火藥」，卷一四九作「答里」，係國名。
穆錫，蒙古語讀如“musi”，意即「炒麵」，卷一四九作
「木乃兮」，係部名。布拉克，蒙古語讀如“bulak”，意即
「泉」，卷一四九作「富浪」，係部名。阿勒呼木，蒙古語

讀如 "alhūm"，意即「一步」，卷一五一作「阿魯虎」，係國名。呼察，蒙古語讀如 "hūca"，意即「未騸羊」，卷一五一作「忽纏」，係國名。

都哩木，蒙古語讀如 "durim"，意即「形勢」，卷一五一作「帖哩麻」，係國名。薩蘭，蒙古語讀如 "saran"，意即「月」，卷一五一作「賽蘭」，係國名。茂巴爾，蒙古語讀如 "moo bar"，意即「不善之虎」，卷一五四作「木八蘭」，係部名。烏克遜，滿洲語讀如 "uksun"，意即「族」，卷一六三作「烏古孫」，係部名。哈喇章，蒙古語讀如 "harajang"，意即「黑心人」，卷一六五作「合剌章」，係部名。哈坦圖嚕，蒙古語讀如 "hatan turu"，意即「性暴頭目」，卷一六六作「哈丹禿魯」，係部名。安扎爾，蒙古語讀如 "anjar"，意即「匆忙」，卷一六六作「按察兒」，係部名。庫爾特依，蒙古語讀如 "kurtei"，意即「熱鬧」，卷一六六作「窟里台」，係部名。博囉罕巴圖，蒙古語「博囉罕」讀如 "borohan"，意即「微青色」，「巴圖」讀如 "batu"，意即「結實」，卷一六六作「孛羅海拔都」，係部名。庫庫布哈，蒙古語「庫庫」讀如 "kuku"，意即「青色」，「布哈」讀如 "buha"，意即「牡牛」，卷一六六作「闊闊不花」，係部名。努爾阿勒坦，蒙古語「努爾」讀如 "nur"，意即「面」，「阿勒坦」讀如 "altan"，意即「金」，卷一六六作「女兒阿塔」，係部名。額斯琿，滿洲語讀如 "eshun"，意即「生」，卷一六九作「兀速憨」，係部名。瓜爾佳，讀如 "gūwalgiya"，卷一七四作「夾谷」，係部名。烏舍，滿洲語讀如 "uše"，意即「皮條」，卷一七四作「烏若」，係

部名。德爾吉，滿洲語讀如 "dergi"，意即「上」，卷一八八作「迪烈糺」，係部名。噶瑪拉，梵語讀如 "g'amala"，意即「蓮花葉」，卷二〇二作「感木魯」，係國名。

　　表中所列部族，包含氏族、部名、國名，或以宗教信仰相關詞彙為名，譬如：鄂齊爾（ocir），以「金剛」為氏族名。薩木丹（samdan），以「禪定」為氏族名。斯隆瑪（srungma），以「護法」為族名。薩奇勒（sakil），以「戒律」為部名。翁觀（onggon），以「神祇」為部名。噶瑪拉（g'amala），以「蓮花葉」為國名。古實（guši），以「繙經人」為部名。格隆（gelung），以「比邱」為部名。古嚕（guru），以「僧」為部名。噶勒藏（g'aldzang），以「善緣」為部名。卜喇哈瑪納（brah'amana），以「波羅門」為部名。

　　表中部族，或以人身特徵及個人職責為名，譬如：薩哈勒鄂蘭（sahal olan），以「鬚眾多」為部名。哈坦圖嚕（hatan turu），以「性暴頭目」為部名。哈喇章（harajang），以「黑心人」為部名。昂齊（angci），以「打牲人」為部名。特默齊（temeci），以「牧駝人」為部名。哈喇齊（haraci），以「瞭望人」為部名。

　　表中部族亦以身體部位為名，譬如：哈瑪爾（hamar），以「鼻」為部名。奎蘇（kuisu），以「臍」為氏族名。諤蘇（ūsu），以「鬚」為部名。齊蘇（cisu），以「血」為部名。蘇達蘇（sudasu），以「脈」為部名。珠爾噶岱（jurgadai），以「六指」為部名。

　　以山川草木鳥獸為名，是常見的命名習俗，譬如：拉哩（lari），以「神山」為部名。博索（boso），以「山

陰」為部名。阿嚕（aru），阿嚕音烏蘇（aru yen usu），以「山陰水」為部名。約勒伯里（yol beli），以「山腰」為部名。達巴（daba），以「嶺」為部名。和碩（hošoo），以「山崗盡處」為部名。伊爾默克（irmek），以「河岸」為部名。巴奇爾（bakir），以「河身」為部名。騰格哩呼喇（tenggeri hūra），以「天雨」為族名。索隆噶（solongga），以「虹」為氏族名。諾爾（noor），以「池」為氏族名。納古爾（nagūr），以「池」為部名。布拉克（bulak），以「泉」為部名。塔勒齊木（tal cim），以「柳樹及草」為部名。星（sing），以「樹」為國名。布爾噶蘇（burgasu），以「叢柳」為部名。海拉蘇（hailasu），以「榆」為部名。鄂爾和達（orhoda），以「人蔘」為氏族名。鴻濟古爾（hūng jigur），以「大鳥翼」為部名。諾果蘇（nogosu），以「鴨」為部名。昂吉爾（anggir），以「黃野鴨」為氏族名。納沁（nacin），以「鴉鶻」為部名。婁（luo），意即「龍」，哈喇婁（hara luo），以「黑龍」為氏族名。阿爾婁（ar luo），以「花紋龍」為部名。巴爾斯（bars），以「虎」為部名。茂巴爾斯（moo bars），以「不善虎」為部名。庫庫布哈（kuku buha），以「青色牡牛」為部名。賽音布哈（sain buha），以「好牡牛」為部名。布勒噶爾（bulgar），以「香牛皮」為部名。星哈（singh'a），以「獅」為國名。呼察（hūca），以「未騙羊」為國名。和寧（honin），以「羊」為部名。伊瑪（ima），以「山羊」為部名。諾海（nohai），以「犬」為部名。巴噶岱爾（baga dair），以「小牡鹿」為部名。瑪拉希（malahi），以「貍」為國名。

　　以色彩數目及生活用品為名，亦頗具意義。薩蘭（saran），以「月」為國名。烏拉必爾（ulabir），以「赤色」為部名。博囉罕（borohan），以「微青色」為部名。噶爾（g'ar），以「白色」為國名。察罕塔塔爾（cagan tatar），以「白色」為部名。都爾本（durben），以「四」為部名。奈曼岱（naimandai），又作「奈曼台（naimantai），以「有八」為氏族、部名。達蘭奈曼（dalan naiman），以「七十八」為氏族名。古桂（gu gui），以「九」為部名。巴拜哈斯（babai has），以「寶貝玉」為氏族名。實喇哈斯（sira has），以「黃玉」為部名。孟古岱（menggudai），以「有銀」為族名。鴻觀（honggon），以「鈴」為部名。庫爾哲（kurje），以「鍫」為部名。哈喇哈納（hara hana），以「黑色氈廬墻」為部名。庫珠克（kujuk），以「機軸」為國名。穆錫（musi），以「炒麵」為部名。形形色色的部族名，對研究元朝各部族的由來，提供了珍貴的輔助資料。

欽定四庫全書

欽定元史語解卷四

按元以蒙古語為本語解內但釋解義槩不複注蒙古語其中姓氏地名官人名無解義者俱以蒙古源流考今地名八旗姓氏通譜

官名改字面訂之

地理

按元之興地西極流沙東盡遼左北踰陰山南越海表古所謂覆幬勿絶者盡入版宇故西北所屆過漢唐今考地理志如以路統府以府統州縣在東南者大率皆漢字舊稱而西北所轄之地多從蒙古謹衣卷帙編次其稱地者不複注曰地名而城郭驛站山林川澤之類各分注于下至雲南四川洞蠻所屬原非蒙古語者概不錄入

欽定元史語解 卷四

四、《欽定元史語解》地理（一）

　　元朝輿地，西極流沙，東盡遼左，北踰陰山，南越海表，所謂霸靡勿絕者，盡入版宇，故西北所屆，遠過漢唐。查「地理志」，以路統府，以府統州縣，在東南者，大率皆漢字舊稱，而西北所轄之地，多從蒙古語按卷帙編次，其稱地者不複注地名字樣，而城郭、驛站、山林、川澤等則各分注於下。至於雲南、四川少數民族所屬，原非蒙古語者，概不錄入。語解地理，含河名、泉名、關隘名、山名、隘名、澤名、川名、地名、寨名、城名、縣名、棧名、驛名、站名、府名、路名、水名等，對研究元朝地理特徵，俱提供不可忽視的資料。

《欽定元史語解》地理（一）滿漢對照表

順次	滿洲語	漢　字	羅馬拼音	詞　義
1		巴濔圖敖拉	bartu aola	蒙古語，有虎山
2		騰格哩呼喇	tenggeri hūra	蒙古語，天雨

順次	滿洲語	漢　字	羅馬拼音	詞　義
3		巴喇呼	barahū	蒙古語，完
4		齊格	cige	蒙古語，馬奶漿
5		巴噶喇罕	baragahan	蒙古語，微青色
6		薩里	sali	蒙古語，地弩
7		伊嚕勒格勒	irugel	蒙古語，願心
8		都本蘇兆蘇	durben joosu	蒙古語，四錢
9		鄂諾	ono	蒙古語，牡黃羊
10		圖烈圖	tuliyetu	蒙古語，有燒柴
11		哈拉袞	halagūn	蒙古語，熱

順次	滿洲語	漢　字	羅馬拼音	詞　義
12		圖　喇	tura	滿洲語，柱
13		瑪納察	manaca	蒙古語，可看守之地
14		博　囉 呼　察	boro hūca	蒙古語，青色未騸羊
15		克實克 巴克實	kesik baksi	蒙古語，恩師
16		和　倫 扎　色	horon jase	滿洲語，威邊
17		呼　圖	hutu	
18		拜　里	baili	滿洲語，恩情
19		伊拉哩	ilari	
20		察察爾	cacar	蒙古語，涼棚

順次	滿洲語	漢 字	羅馬拼音	詞 義
21		圖拉 必喇	tula bira	蒙古語， 地名
22		哈哩雅 爾台 和囉噶	haliyartai horoga	蒙古語， 有野蒜 苗
23		烏爾呼 薩勒扎	urhu salja	滿洲語， 斜岐路
24		吹 丹	coi dan	唐古特語， 經全
25		棟 格	dungge	蒙古語， 枷具
26		哈達拉	hadala	滿洲語， 轡
27		班珠爾	banjur	唐古特語， 好際會

順次	滿洲語	漢　字	羅馬拼音	詞　義
28		哈喇克沁沙圖	harakcin šatu	蒙古語，癸梯子
29		徹辰圖	cecentu	蒙古語，有聰明
30		特默格	temege	蒙古語，駝
31		沁達罕	cindahan	滿洲語，天馬
32		阿勒台	altai	蒙古語，地名
33		杭愛	hanggai	蒙古語，馱駿
34		台哈	taiha	滿洲語，長毛細狗
35		拉伊哩哩	la i ri	唐古特語，神山
36		羅索	loso	滿洲語，極濕難耕地

順次	滿洲語	漢字	羅馬拼音	詞義
37		烏爾圖	urtu	蒙古語，長
38		雅爾達實	yar dasi	唐古特語，上吉祥
39		衛喇喀	ui ra k'a	唐古特語，中牆圈口
40		吉魯爾	gilur	蒙古語，光潤
41		鄂托喇爾	otorar	回語，中
42		布哈	buha	蒙古語，牤牛
43		塔石干	tašigan	蒙古語，地名
44		頁實勒提斯	yešil tis	回語，綠色急流水

順次	滿洲語	漢　字	羅馬拼音	詞　義
45		鄂羅 托爾	otolor	回語，牧場
46		布 哈爾	buhar	蒙古語，廢田
47		賽爾 瑪堪	saimarkan	回語，繁華
48		安集延昌	anjiyan	蒙古語，回地名
49		巴爾昌	barcang	回語，有地起浮塵
50		巴勒 喇哈	baralha	蒙古語，瞻仰
51		玉哈 隴什	yurung haši	蒙古語，地名
52		瑪勒齊 里克	malci lik	回語，牲畜蕃息處

順次	滿洲語	漢　字	羅馬拼音	詞　義
53		瑪勒齊阿喇斯	malci aras	回語，牧場中間
54		圖舍尼	tušeni	回語，出鹽處
55		綽爾	coor	蒙古語，笒
56		楚楚拉	cucula	回語，火燒木
57		伊拉	ila	回語，蛇
58		塔爾哈	targa	滿洲語，戒
59		帕爾滿	parman	回語，曉諭
60		琿楚	huncu	滿洲語，托牀
61		綽羅	colo	滿洲語，名號
62		和拉	hola	蒙古語，遠
63		雅爾	yar	唐古特語，上

順次	滿洲語	漢　字	羅馬拼音	詞　義
64		哈喇圖	haratu	蒙古語，有黑色
65		和博果	hobogo	蒙古語，柳罐
66		固爾班蘇巴克	gūrban subak	蒙古語，三溝
67		齊達勒敖拉	cidal aola	蒙古語，能山
68		奎騰阿喇勒	kuiten aral	蒙古語，冷水中島
69		伊斯巴爾	isbar	回語，厲氣
70		諤爾根	ūrgen	蒙古語，寬
71		塔密爾	tamir	蒙古語，地名

順次	滿洲語	漢　字	羅馬拼音	詞　義
72		納琳 齊拉袞	narin cilagūn	蒙古語， 細石
73		托里圖	tolitu	蒙古語， 有鏡
74		額伯蘇	ebesu	蒙古語， 草
75		阿嚕 烏格袞	aru ugegun	蒙古語， 山陰窮乏
76		達蘭 達巴	dalan daba	蒙古語， 七十嶺
77		巴爾斯 達蘭巴 達達	bars dalan daba	蒙古語， 虎七十 嶺

順次	滿洲語	漢　字	羅馬拼音	詞　義
78		托卜 輝罕	tob hoihan	滿洲語， 正圍場
79		齋齊克 察罕	cicik cagan	蒙古語， 花白色
80		繅琳	saorin	蒙古語， 寶座
81		托斯和	tosho	蒙古語， 莊屯
82		烏蘇 木奇	usumki	回語， 散落住處
83		諤特古 蘭呼	ūtegu hūlan	蒙古語， 老野騾

順次	滿洲語	漢　字	羅馬拼音	詞　義
84		昂吉 蘇默 托里	anggi sume toli	蒙古語， 隊伍 廟 鏡
85		奇爾圭 哈爾吉斯	kirgūi hargis	蒙古語， 鶻性劣
86		杭錫 雅爾	hangsiyar	蒙古語， 鼻樑
87		額里齋	elici	回語，居民 環繞
88		阿爾圖 和賚	artu holai	蒙古語， 有花紋項
89		奎騰 敖拉	kuiten aolan	蒙古語， 冷山

順次	滿洲語	漢　字	羅馬拼音	詞　義
90		巴伯　實里	baši beli	回語， 頭腰
91		阿穆	amu	蒙古語， 糧
92		實桂	sigūi	蒙古語， 樹林
93		莽賚伊 勒都齊	manglai ilduci	蒙古語， 首先佩 腰刀人
94		和琳	horin	蒙古語， 二十
95		哈里 雅爾	haliyar	蒙古語， 野蒜苗
96		庫爾哲	kurje	蒙古語， 鍬
97		額密埒	emile	滿洲語， 雌
98		摩多齊	modoci	蒙古語， 木匠

順次	滿洲語	漢　字	羅馬拼音	詞　義
99		呼顏哈 和哩納布	horihū nayan buha	蒙古語， 範圍 八十 牝牛
100		準諾爾	jun noor	蒙古語， 東池
101		塔拉	tala	蒙古語， 曠野
102		昂吉	anggi	蒙古語， 隊伍
103		伊爾默克	irmek	蒙古語， 河岸
104		額默克沁 哈爾察該	emekcin harcagai	蒙古語， 雌鷹
105		庫庫諾爾	kuku noor	蒙古語， 青海

順次	滿洲語	漢　字	羅馬拼音	詞　義
106		伊爾默克圖	irmektu	蒙古語，有河岸
107		諤爾伯勒格圖	ūrbelgetu	蒙古語，有飄翱
108		實喇鄂爾多	sira ordo	蒙古語，黃亭
109		岱爾哈達	dair hada	蒙古語，牡鹿山峰
110		實巴爾	sibar	蒙古語，泥
111		阿多固	adogū	蒙古語，牧群
112		塔齊爾愛滿	tacir aiman	瘠地部落

順次	滿洲語	漢　字	羅馬拼音	詞　義
113		呼　蘭 伊勒吉	hūlan ilgi	蒙古語， 野騾去 毛皮
114		玉　隴	yurung	回語， 往取
115		阿爾班 托　輝	arban tohoi	蒙古語， 十河灣
116		伊　埒 哈　雅	ile haya	蒙古語， 明顯山墻
117		扎固圖	jagūtu	蒙古語， 有百
118		察　遜 諾　爾	casun noor	蒙古語， 雪池
119		哈喇巴 勒噶遜	hara balgasun	蒙古語， 黑色城

順次	滿洲語	漢　字	羅馬拼音	詞　義
120		伊　克 德　呼　蘇	ike deresu	蒙古語， 大玉草
121		阿　勒　坦	altan	蒙古語， 金
122		準 特　爾　格	jun terge	蒙古語， 東車
123		錫　袞	sigun	索倫語， 日
124		和　索　哩	hosori	滿洲語， 麩皮
125		實　默　圖 諾　爾	simetu noor	蒙古語， 有津液池
126		特　默 哈　喇	teme hara	蒙古語， 駝黑色

順次	滿洲語	漢 字	羅馬拼音	詞 義
127		蘇 黙 哈 達	sume hada	蒙古語， 廟山峯
128		哈 里	hali	回語， 無人處
129		博 索	boso	滿洲語， 山陰
130		和 爾 密 埒 克	hormi lek	唐古特語， 好蒙古人
131		沙 津	šajin	蒙古語， 教
132		實 黙 圖	simetu	蒙古語， 有津液
133		巴 勒 巴 沁	bal bacin	唐古特語， 威大勇
134		諾 觀 特 木 德 克	nogon temdek	蒙古語， 綠色 標記

順次	滿洲語	漢　字	羅馬拼音	詞　義
135		哈　陶	hatao	蒙古語，硬
136		布　達	hida	滿洲語，竹簾
137		率　賓	šuwai bin	地名
138		海　蘭	hailan	滿洲語，榆樹
139		察蘇圖	casutu	蒙古語，有雪
140		布格齊	būgeci	蒙古語，祈福人
141		額齊訥	ecine	蒙古語，幽隱
142		和隆武	horonggo	滿洲語，有威
143		鴻和爾鄂隆	honghor olong	蒙古語，黃馬肚帶

順次	滿洲語	漢　字	羅馬拼音	詞　義
144		鄂 端	odon	蒙古語，星
145		阿 濟 爾 噶	ajirga	蒙古語，兒馬
146		齊嚕納	ciruna	蒙古語，牽連
147		多 羅 干	dologan	蒙古語，七
148		雅 爾 哈	yarha	滿洲語，豹
149		哈 達	hada	蒙古語，山峰
150		喀 什 噶 爾	kašigar	蒙古語，地名
151		巴 達	bada	滿洲語，張大
152		鄂 摩	omo	滿洲語，池
153		阿 里 瑪 圖	alimatu	蒙古語，有梨

順次	滿洲語	漢　字	羅馬拼音	詞　義
154		納　琳	narin	蒙古語，細
155		實　勒 和　斯	sil hos	蒙古語，琉璃雙
156		托　里　貝	toli bui	蒙古語，有鏡
157		巴　延 徹　爾	bayan cer	蒙古語，富潔淨
158		德　古　爾 穆　蘇	degur mūsu	蒙古語，浮上冰
159		蘇　黙　岱	sumedai	蒙古語，有廟
160		察　汗　爾 諾　爾	cagan noor	蒙古語，白色池
161		瑪　噶　珊	muwa gašan	滿洲語，粗鄉村

順次	滿洲語	漢　字	羅馬拼音	詞　義
162		巴　圖	batu	蒙古語， 結實
163		鴻和爾 托　輝	honghor tohoi	蒙古語， 黃馬 河灣
164		塔爾巴噶	tarbaga	蒙古語， 獺
165		阿實達 必實古	asida bisigū	蒙古語， 常爽利
166		諾爾布 實里庫	norbu siliku	唐古特語， 寶選拔
167		察遜	casun	蒙古語， 雪
168		拉鄂特	la ot	唐古特語， 神光

順次	滿洲語	漢字	羅馬拼音	詞　義
169		呼蘭	hūran	蒙古語，集聚
170		奇勒蘇	kilgasu	蒙古語，鬃尾毛
171		噶達蘇	gadasu	蒙古語，釘
172		伊埒穆爾	ile mur	蒙古語，明顯踪跡
173		阿拉克岱	alakdai	蒙古語，有花斑
174		達喇裕勒	dara yul	救渡處所
175		阿實克	asik	蒙古語，利
176		烏登	uden	滿洲語，中伙處
177		都哩木海茂	durim moohai	蒙古語，形勢醜

順次	滿洲語	漢　字	羅馬拼音	詞　義
178		哈　喇 和　卓	hara hojo	黑色 美
179		羅　卜 和　台	lobhotai	蒙古語，有 極濕難 耕地
180		色　辰	secen	蒙古語， 聰明
181		哈斯罕	hashan	滿洲語， 籬
182		達　丹	dadan	唐古特語， 結實馬
183		特古斯 哈達	tegus hada	蒙古語， 雙山峰
184		巴　勒 噶遜	balgasun	蒙古語， 城
185		哈瑪爾	hamar	蒙古語， 鼻
186		伊里哈	iliha	滿洲語， 立

順次	滿洲語	漢　字	羅馬拼音	詞　義
187		布濟 克齊	būjikci	蒙古語， 舞司事人
188		伊勒錦	ilgin	滿洲語， 去毛皮
189		實喇 圖嚕	sira turu	蒙古語， 黃色頭目
190		齊達勒 鄂爾多	cidal ordo	蒙古語， 能亭
191		哈瑪爾 伊蘇爾 奇	hamar isu kir	蒙古語， 鼻九 斑點
192		巴喇袞	baragūn	蒙古語， 西
193		奇哷	kirei	

順次	滿洲語	漢　字	羅馬拼音	詞　義
194		袞 諾　濔	gun noor	蒙古語， 深池
195		伊　濔　根 諾　爾	irgen noor	蒙古語， 民池
196		蘇　尼 巴　雅　爾	suni bayar	蒙古語， 夜喜
197		博　囉　罕 諾　爾	borohan noor	蒙古語， 微青色池
198		圖　魯 卜　台	tulubtai	蒙古語， 有形像
199		德勒格爾	delger	蒙古語， 開廣
200		諾　延	noyan	蒙古語， 官長

順次	滿洲語	漢　字	羅馬拼音	詞　義
201		呼　嚕	huru	滿洲語，高阜處
202		茂烏拉	moo ula	蒙古語，不善驛站
203		托果琳	togorin	蒙古語，週圍
204		扎蘭齊喇	jalan cira	滿洲語，世嚴
205		實珠華納爾罕	sina jurgan hūwa	蒙古語，山崗六乾草黃馬
206		圖嚕古	turugu	蒙古語，頭目
207		摩琳	morin	滿洲語，馬

資料來源：《欽定四庫全書》，「史部」，《欽定元史語解》，卷四。

　　表中巴爾圖敖拉，蒙古語讀如“bartu aola”，意即「有虎山」，卷一作「巴里屯阿懶」。騰格哩呼喇，蒙古語讀如“tenggeri hūra”，意即「天雨」，卷一作「統急里忽魯」。巴喇呼，蒙古語讀如“barahū”，意即「完」，卷一作「八剌忽」，卷一三五作「八兒胡」。齊格，蒙古語讀如“cige”，意即「馬奶漿」，卷一作「怯格」。巴喇噶罕，蒙古語讀如“baragahan”，意即「微青色」，卷一作「八剌合黑」，係河名。薩里，蒙古語讀如“sali”，意即「地弩」，卷一作「薩里」，卷三作「撒里」，係河名。伊嚕格勒，蒙古語讀如“irugel”，意即「願心」，卷一作「玉律哥」，卷一二〇作「玉兒俗」，係泉名。都爾本兆蘇，蒙古語「都爾本」讀如“durben”，意即「四」，「兆蘇」讀如“joosu”，意即「錢」，卷一作「答蘭版朱思」。

　　鄂諾，蒙古語讀如“ono”，意即「牡黃羊」，卷一作「斡難」，卷九十四作「兀難」，卷一一九作「阿難」，係河名。圖烈圖，蒙古語讀如“tuliyetu”，意即「有燒柴」，卷一作「帖烈徒」，卷十二作「禿烈禿」，係關隘名。哈拉袞，蒙古語讀如“halagūn”，意即「熱」，卷一作「哈剌溫」，又作「哈剌渾」，卷三十一作「哈里溫」，卷一一八作「哈老溫」，係山名，又係關隘名。圖喇，滿洲語讀如“tura”，意即「柱」，卷一作「土兀剌」，卷二十九作「禿剌」，卷一二一作「禿兀剌」，卷一二二作「禿忽剌」，係河名。瑪納察，蒙古語讀如“manaca”，意即「可看守之地」，卷一作「莫那察」，係山名。博囉呼察，蒙古語讀如“boro hūca”，意即「青色未騸羊」，卷一作「八兒忽真」，係隘名。克實克巴克實，蒙古語讀如“kesike baksi"，意即「恩師」，卷一作「黑辛八石」。和倫扎色，滿洲語讀如"horon jase"，意即「威邊」，卷一作「忽蘭盞側」，係山名。呼圖，讀如"hutu"，卷一作「虎圖」，卷三十一作「忽禿」，係澤名。拜里，滿洲語讀如"baili"，意即「恩情」，卷一作「盃亦烈」，係川名。伊拉哩，讀如"ilari"，卷一作「由錄憐」，係河名。察察爾，蒙古語讀如"cacar"，意即「涼棚」，卷一作「徹徹兒」，係山名。圖拉必喇，蒙古語讀如"tula bira"，意即「喀爾喀地名」，卷一作「禿律別兒」，係河名。

　　哈哩雅爾台和囉噶，蒙古語「哈哩雅爾台」讀如"haliyartai"，意即「有野蒜苗」，「和囉噶」讀如"horoga"，意即「院」，卷一作「海剌兒帖尼火魯罕」。烏爾呼薩勒扎，滿洲語「烏爾呼」讀如"urhu"，意即「斜」，「薩勒扎」讀如"salja"，意即「岐路」，卷一作「兀魯回失連真」，係河名。吹丹，唐古特語「吹」讀如"coi"，意即「經」，「丹」讀如"dan"，意即「全」，卷一作「闕奕壇」。棟格，蒙古語讀如"dungge"，意即「枷具」，卷一作「董哥」，係澤名。哈達拉，滿洲語讀如"hadala"，意即「轡」，卷一作「哈丁里」。班珠爾，唐古特語讀如"banjur"，意即「好際會」，卷一作「班珠尼」，卷一二四作「班尤居」，係河名。哈喇克沁沙圖，蒙古語「哈喇克沁」讀如"harakcin"，意即「壬癸之癸」，「沙圖」讀如"šatu"，意即「梯子」，卷一作「哈蘭真沙陀」。徹辰圖，蒙古語讀如"cecentu"，意即「有聰明」，卷一作「折運都」，係山名。特默格，蒙古語讀如"temege"，意即「駝」，卷一作「帖麥該」，卷十五

作「禿木合」，係地名，又係川名。沁達罕，滿洲語讀如
"cindahan"，意即「天馬」，卷一作「建忒該」，係山
名。阿勒台，蒙古語讀如"altai"，蒙古地名，卷一作「按
臺」，卷二十二作「按台」，卷一三五作「阿里台」，係山
名，又係地名。杭愛，蒙古語讀如"hanggai"，意即「馱
鞍」，卷一作「沆海」，卷十七作「杭海」。台哈，滿洲語
讀如"taiha"，意即「長毛細狗」，卷一作「泰寒寨」。

　　拉伊哩，唐古特語讀如"la i ri"，意即「神山」，卷
一作「力吉里」，係寨名。羅索，滿洲語讀如"loso"，意
即「極濕難耕地」，卷一作「落思」，係城名。烏爾圖，
蒙古語讀如"urtu"，意即「長」，卷一作「兀魯塔」，
卷一二八作「兀兒禿」。雅爾達實，唐古特語「雅爾」
讀如"yar"，意即「上」，「達實」讀如"dasi"，意即
「吉祥」，卷一作「也兒的石」，卷三作「葉兒的實」，
卷二十二作「也里的失」，係河名。衛喇喀，唐古特語讀
如"ui ra k'a"，意即「中牆圈口」，卷一作「斡羅孩」，
係城名。吉魯爾，蒙古語讀如"gilur"，意即「光潤」，
卷一作「怯錄連」，卷三作「怯魯連」，卷一一八作「曲
烈兒」，卷一三一作「怯呂連」，係河名。鄂托喇爾，回
語讀如"otorar"，意即「中」，卷一作「訛答剌」，係城
名。布哈，蒙古語讀如"buha"，意即「牤牛」，卷一作
「蒲華」，係城名。塔石干，蒙古語讀如"tašigan"，新
疆地名，卷一作「尋思干」，卷一四九作「撏思干」，係
城名。頁實勒提斯，回語「頁實勒」讀如"yešil"，意即
「綠色」，「提斯」讀如"tis"，意即「急流水」，卷一作
「也石的石」，係河名。鄂托羅爾，回語讀如"otolor"，

意即「牧場」，卷一作「斡脫羅兒」，卷六十三作「兀堤剌耳」，卷一五一作「斡脫剌兒」，係城名。布哈爾，蒙古語讀如"buhar"，意即「廢田」，卷一作「卜哈兒」，卷六十三作「不花剌」，卷一二〇作「孛哈里」，係城名，又係地名。

　賽瑪爾堪，回語讀如"saimarkan"，意即「繁華」，卷一作「薛迷思干」，卷六十三作「撒麻耳干」，係城名，又係地名。安集延，回語讀如"anjiyan"，回地名，卷一作「養吉」，係城名。巴爾昌，回語讀如"barcang"，意即「有地起浮塵」，卷一作「八兒真」，係城名。巴喇勒哈，蒙古語讀如"baralha"，意即「瞻仰」，卷一作「班勒紇」，卷三十七作「板勒紇」，係城名。玉隴哈什，蒙古語讀如"yurunghaši"，新疆地名，卷一作「玉龍傑赤」，係城名。瑪勒齊里克，回語讀如"malcilik"，意即「牲畜蕃息處」，卷一作「馬魯察業可」，係城名。瑪勒齊阿喇斯，回語讀如"malci aras"，意即「牧場中間」，卷一作「馬魯昔剌思」，係城名。圖舍尼，回語讀如"tušeni"，意即「出鹽處」，卷一作「徒思匿」，係城名。綽爾，蒙古語讀如"coor"，意即「笳」，卷一作「察兀兒」，係城名。楚楚拉，回語讀如"cucula"，意即「火燒木」，卷一作「搠搠闌」，係河名。伊拉，回語讀如"ila"，意即「蛇」，卷一作「也里」，係城名。塔爾哈，滿洲語讀如"targa"，意即「戒」，卷一作「塔里寒」，係寨名。帕爾滿，回語讀如"parman"，意即「曉諭」，卷一作「八魯彎」，係川名。琿楚，滿洲語讀如"huncu"，意即「托牀」，卷一作「琿垂」，係山名。綽羅，滿洲語讀如"colo"，意即「名

號」，卷一作「搹羅」，係縣名。

和拉，蒙古語讀如"hola"，意即「遠」，卷一作「河羅」，係縣名。雅爾，唐古特語讀如"yar"，意即「上」，卷一作「應里」，卷八作「鴨」，係城名。哈喇圖，蒙古語讀如"haratu"，意即「有黑色」，卷一作「哈老徒」，卷二十九作「海剌禿」。和博果，蒙古語讀如"hobogo"，意即「柳罐」，卷二作「霍博」，卷一八〇作「火孛」。固爾班蘇巴克，蒙古語讀如"gūrban subak"，意即「三溝」，卷二作「忽魯班雪不足」。齊達勒敖拉，蒙古語讀如"cidal aola"，意即「能山」，卷二作「曲雕阿蘭」。奎騰阿喇勒，蒙古語讀如"kuiten aral"，意即「冷水中島」，卷二作「庫錢烏阿剌里」。伊斯巴爾，回語讀如"isbar"，意即「鷹氣」，卷二作「伊思八剌納」，係城名。諤爾根，蒙古語讀如"ūrgen"，意即「寬」，卷二作「斡兒寒」，係河名。塔密爾，蒙古語讀如"tamir"，喀爾喀地名，卷二作「塔密兒」，卷一六二作「塔迷兒」，係河名。納琳齊拉袞，蒙古語讀如"narin cilagūn"，意即「細石」，卷二作「納蘭赤剌溫」。托里圖，蒙古語讀如"tolitu"，意即「有鏡」，卷二作「鐵列都」。額伯蘇，蒙古語讀如"ebesu"，意即「草」，卷二作「兀必思」。阿嚕烏格袞，蒙古語「阿魯」讀如"aru"，意即「山陰」，「烏格袞」讀如"ugegun"，意即「窮乏」，卷二作「阿魯兀忽可吾」。達蘭達巴，蒙古語「達蘭」讀如"dalan"，意即「七十」，「達巴」讀如"daba"，意即「嶺」，卷二作「達蘭達葩」，又作「答蘭答八思」，卷一二〇作「答蘭答八」。

　　巴爾斯達蘭達巴，蒙古語讀如"bars dalan daba"，意即「虎七十嶺」，卷二作「八里里答蘭八思」。托卜輝罕，滿洲語讀如"tob hoihan"，意即「正圍場」，卷二作「托卜寒」。齊齊克察罕，蒙古語「齊齊克」讀如"cicik"，意即「花」，「察罕」讀如"cagan"，意即「白色」，卷二作「揭揭察哈」，卷三作「怯蹇乂罕」，係澤名。繅琳，蒙古語讀如"saorin"，意即「寶座」，卷二作「掃隣」，係城名。托斯和，蒙古語讀如"tosho"，意即「莊屯」，卷二作「圖蘇湖」，卷五十八作「圖蘇胡」，係城名。烏蘇木奇，回語讀如"usumbi"，意即「散落住處」，卷二作「阿速蔑怯思」，係城名。諤特古呼蘭，蒙古語「諤特古」讀如"ūtegu"，意即「老」，「呼蘭」讀如"hūlan"，意即「野騾」，卷二作「鈕鐵鏵胡蘭」，卷三作「月帖古忽蘭」，係山名。昂吉蘇默托里，蒙古語「昂吉」讀如"anggi"，意即「隊伍」，「蘇默」讀如"sume"，意即「廟」，「托里」讀如"toli"，意即「鏡」，卷二作「汪吉宿滅托里」。奇爾圭哈爾吉斯，蒙古語「奇爾圭」讀如"kirgūi"，意即「鷂」，「哈爾吉斯」讀如"hargis"，意即「性劣」，卷二作「曲律淮黑哈速」。杭錫雅爾，蒙古語讀如"hangsiyar"，意即「鼻樑」，卷二作「橫相乙兒」。額里齊，回語讀如"elici"，意即「居民環繞」，卷三作「也烈贊」，卷六十三作「也列贊」，卷一二二作「也里替」。

　　阿爾圖和賚，蒙古語「阿爾圖」讀如"artu"，意即「有花紋」，「和賚」讀如"holai"，意即「項」，卷三作「阿剌脫忽剌兀」。奎騰敖拉，蒙古語讀如"kuiten aola"，意即「冷山」，卷三作「闊帖兀阿蘭」。巴實伯里，回語「巴實」讀如"baši"，意即「頭」，「伯里」讀如"beli"，意即「腰」，卷三作「別失八里」，又作「別石八里」，卷十作「別十八里」。阿穆，蒙古語讀如"amu"，意即「糧」，卷三作「阿母」，又作「阿木」，係河名。實桂，蒙古語讀如"sigūi"，意即「樹林」，卷三作「失灰」，卷十九作「阻媯」，卷二十九作「祖媯」。莽賚伊勒都齊，蒙古語「莽賚」讀如"manglai"，意即「首先」，「伊勒都齊」讀如"ilduci"，意即「佩腰刀」，卷三作「末來吉兒都怯」，係寨名。和琳，蒙古語讀如"horin"，意即「二十」，卷三作「和林」，卷十二作「河林」。哈里雅爾，蒙古語讀如"haliyar"，意即「野蒜苗」，卷三作「海押立」，卷一百作「哈里牙兒」，卷一二三作「海剌兒」。庫爾哲，蒙古語讀如"kurje"，意即「鍬」，卷三作「曲兒只」。額密埒，滿洲語讀如"emile"，意即「雌」，卷三作「葉密立」。摩多齊，蒙古語讀如"modoci"，意即「木匠」，卷三作「沒脫赤」。和哩呼納顏布哈，蒙古語「和哩呼」讀如"horihū"，意即「範圍」，「納顏」讀如"nayan"，意即「八十」，「布哈」讀如"buha"，意即「牡牛」，卷三作「火兒忽納要不花」。準諾爾，蒙古語讀如"junnoor"，意即「東池」，卷三作「軍腦兒」。塔拉，蒙古語讀如"tala"，意即「曠野」，卷三作「忒剌」。

　　昂吉，蒙古語讀如"anggi"，意即「隊伍」，卷三作「汪吉」。伊爾默克，蒙古語讀如"irmek"，意即「河岸」，卷三作「月兒滅怯」，卷十六作「牙兒馬兀」。額默

克沁哈爾察該，蒙古語讀如 "emekcinharcagai"，意即「雌鷹」，卷三作「也滅干哈里乂海」。庫庫諾爾，蒙古語讀如 "kuku noor"，青海地名，卷三作「顆顆腦兒」。伊爾默克圖，蒙古語讀如 "irmektu"，意即「有河岸」，卷三作「月兒滅怯土」。諤爾伯勒格圖，蒙古語讀如 "ūrbelgetu"，意即「有飄翎」，卷三作「欲兒伯哥都」。實喇鄂爾多，蒙古語讀如 "sira ordo"，意即「黃亭」，卷三作「昔剌兀魯朵」。岱爾哈達，蒙古語讀如 "dair hada"，意即「牡鹿山峯」，卷三作「觲亦兒阿答」。實巴爾，蒙古語讀如 "sibar"，意即「泥」，卷三作「昔八兒」。阿多固塔齊爾愛滿，蒙古語「阿多固」讀如 "adogū"，意即「牧群」，「塔齊爾」讀如 "tacir"，意即「瘠地」，「愛滿」讀如 "aiman"，意即「部落」，卷三作「阿答哈帖乞兒蠻」。呼蘭伊勒吉，蒙古語「呼蘭」讀如 "hūlan"，意即「野騾」，「伊勒吉」讀如 "ilgi"，意即「去毛皮」，卷三作「忽蘭也兒吉」。玉隴，回語讀如 "yurung"，意即「往取」，卷三作「玉龍」，係棧名。阿爾班托輝，蒙古語「阿爾班」讀如 "arban"，意即「十」，「托輝」讀如 "tohoi"，意即「河灣」，卷三作「也里本朵哈」。

伊埒哈雅，蒙古語「伊埒」讀如 "ile"，意即「明顯」，「哈雅」讀如 "haya"，意即「山墻」，卷三作「也里海牙」，卷二十二作「也里合牙」。扎固圖，蒙古語讀如 "jagūtu"，意即「有百」，卷四作「爪忽都」。察遜諾爾，蒙古語讀如 "casun noor"，意即「雪池」，卷四作「曲先腦兒」。哈剌巴勒噶遜，蒙古語讀如 "hara balgasun"，意即「黑城」，卷四作「合剌八剌合孫」。伊

克德呼蘇，蒙古語讀如"ike deresu"，意即「大玉草」，卷四作「也可迭烈孫」。準特爾格，蒙古語讀如"jun terge"，意即「東車」，卷四作「轉都兒哥」。錫袞，索倫語讀如"sigun"，意即「日」，卷四作「昔光」。和索哩，滿洲語讀如"hosori"，意即「麩皮」，卷四作「火少里」，係驛名。實默圖諾爾，蒙古語讀如"simetu noor"，意即「有津液池」。特默哈喇，蒙古語讀如"teme hara"，意即「駝黑色」，卷四作「帖買和來」。蘇默哈達，蒙古語「蘇默」讀如"sume"，意即「廟」，「哈達」讀如"hada"，意即「山峯」，卷四作「速木合打」。哈里，回語讀如"hali"，意即「無人處」，卷四作「盍利」，卷十一作「盍里」，卷十七作「合里」，係站名。博索，滿洲語讀如"boso"，意即「山陰」，卷五作「婆娑」，係府名。和爾密埒克，唐古特語讀如"hormi lek"，意即「好蒙古人」，卷五作「忽爾滅里」。沙津，蒙古語讀如"šajin"，意即「教」，卷五作「沙只」。實默圖，蒙古語讀如"simetu"，意即「有津液」，卷五作「昔木土」，卷一二二作「失門禿」，卷一二九作「昔門禿」，係山名，又係地名。

巴勒巴沁，唐古特語讀如"bal bacin"，意即「威大勇」，卷六作「百里八謙」。諾觀特木德克，蒙古語「諾觀」讀如"nogon"，意即「綠色」，「特木德克」讀如"temdek"，意即「標記」，卷六作「奴懷忒木帶兒」。哈陶，蒙古語讀如"hatao"，意即「硬」，卷六作「花道」，係驛名。希達，滿洲語讀如"hida"，意即「竹簾」，卷六作「匣答」。率賓，蒙古語讀如"šuwai bin"，

本率賓故地，卷六作「恤品」，係路名。海蘭，滿洲語讀如
　"hailan"，意即「榆樹」，卷六作「合懶」，卷五十九作
「合蘭」，係府名，卷九十四作「合獺」，係路名。察蘇
圖，蒙古語讀如 "casutu"，意即「有雪」，卷六作「茶速
禿」，係驛名。布格齊，蒙古語讀如 "būgeci"，意即「祈
福人」，卷六作「怯赤」，係山名。額齊訥，蒙古語讀如
　"ecine"，意即「幽隱」，卷六作「亦即納」，卷十三作
「亦集乃」，係路名。和隆武，滿洲語讀如 "horonggo"，
意即「有威」，卷六作「喝吾」。鴻和爾鄂隆，蒙古語「鴻
和爾」讀如 "honghor"，意即「黃馬」，「鄂隆」讀如
　"olong"，意即「肚帶」，卷七作「黃忽兒玉良」，卷十
五作「黃兀兒月良」，卷十六作「晃火兒月連」，係地名，
又係驛名。鄂端，蒙古語讀如 "odon"，意即「星」，卷七
作「斡端」，卷二十九作「兀敦」，係城名，又係河名。
阿濟爾噶，蒙古語讀如 "ajirga"，意即「兒馬」，卷七作
「昂吉呵」，卷一一八作「阿只兒哈」。

　　齊嚕納，蒙古語讀如 "ciruna"，意即「牽連」，
卷七作「怯鹿難」。多羅干，蒙古語讀如 "dologan"，
意即「七」，卷七作「禿魯干」。雅爾哈，滿洲語讀如
　"yarha"，意即「豹」，卷八作「鴉兒看」，係城名。
哈達，蒙古語讀如 "hada"，意即「山峯」，卷八作「合
答」，卷三十二作「哈的」，卷八十七作「哈答」，係城
名。喀什噶爾，蒙古語讀如 "kašigar"，新疆地名，卷八作
「合失合兒」，卷十五作「可失合兒」，卷六十三作「可
失哈耳」，卷一二〇作「可失哈兒」，卷一二三作「乞失
塔里」，卷一八〇作「可失哈里」，係城名。巴達，滿洲

語讀如"bada"，意即「張大」，卷八作「八達」，卷九作「八答」，係山名。鄂摩，滿洲語讀如"omo"，意即「池」，卷九作「烏木」，係站名。阿里瑪圖，蒙古語讀如"alimatu"，意即「有梨」，卷九作「阿力麻里」，卷十二作「阿里麻里」。納琳，蒙古語讀如"narin"，意即「細」，卷十作「納憐」，卷十六作「納鄰」，係驛名。實勒和斯，蒙古語讀如"sil hos"，意即「琉璃雙」，卷十作「日忽思」。托里貝，蒙古語讀如"toli bui"，意即「有鏡」，卷十作「脫里北」。巴延徹爾，蒙古語讀如"bayan cer"，意即「富潔淨」，卷十作「伯顏察兒峪」，係寨名。德古爾穆蘇，蒙古語「德古爾」讀如"degur"，意即「浮上」，「穆蘇」讀如"mūsu"，意即「冰」，卷十作「朵哥麻思」。蘇默岱，蒙古語讀如"sumedai"，意即「有廟」，卷十作「算木多」，係城名。察汗諾爾，蒙古語讀如"cagan noor"，意即「白色池」，卷十一作「察罕腦兒」。

　瑪噶珊，滿洲語讀如"muwa gašan"，意即「粗鄉村」，卷十一作「末甘孫」。巴圖，蒙古語讀如"batu"，意即「結實」，卷十一作「拔都」。鴻和爾托輝，蒙古語讀如"honghor tohoi"，意即「黃馬河灣」，卷十二作「晃兀兒塔海」。塔爾巴噶，蒙古語讀如"tarbaga"，意即「獺」，卷十二作「塔兒八合你」，又作「塔剌罕」，卷一二七作「塔剌不歡」，係驛名。阿實達必實古，蒙古語讀如"asida bisigu"，意即「常爽利」，卷十二作「阿失答不速皇」，係城名。諾爾布實里庫，唐古特語「諾爾布」讀如"norbu"，意即「寶」，「實里庫」讀如"siliku"，

意即「選拔」，卷十二作「羅卜闍里輝」。察遜，蒙古語讀如"casun"，意即「雪」，卷十二作「曲先」。拉鄂特，唐古特語讀如"la ot"，意即「神光」，卷十二作「烈堝都」，係山名。呼蘭，蒙古語讀如"hūran"，意即「集聚」，卷十二作「忽蘭」，係水名。奇勒噶蘇，蒙古語讀如"kilgasu"，意即「鬃尾毛」，卷十二作「乞里古思」。噶達蘇，蒙古語讀如"gadasu"，意即「釘」，卷十二作「憨答孫」。伊埒穆爾，蒙古語讀如"ile mur"，意即「明顯踪跡」，卷十三作「野里麻里」。阿拉克岱，蒙古語讀如"alakdai"，意即「有花斑」，卷十三作「阿剌帶」。達喇裕勒，「達喇」梵語讀如"dara"，意即「救渡」，「裕勒」唐古特語讀如"yul"，意即「處所」，卷十三作「踢里玉」。阿實克，蒙古語讀如"asik"，意即「利」，卷十三作「阿失」鹽塲處，係地名。

　　烏登，滿洲語讀如"uden"，意即「中伙處」，卷十三作「烏定」。都哩木茂海，蒙古語讀如"durim moohai"，意即「形勢醜」，卷十三作「朶里密滅該」。哈喇和卓，「哈喇」蒙古語讀如"hara"，意即「黑色」，「和卓」回語讀如"hojo"，意即「美稱」，卷十三作「合剌禾州」，卷十四作「合剌和州」，卷六十三作「合剌火者」，卷一二八作「哈剌霍州」，卷一八〇作「哈剌火州」。羅卜和台，蒙古語讀如"lobhotai"，意即「有極濕難耕地」，卷十四作「羅不怯台」，係驛名。色辰，蒙古語讀如"secen"，意即「聰明」，卷十四作「闍鄽」，係驛名。哈斯罕，滿洲語讀如"hashan"，意即「籬」，卷十四作「合思罕」，卷十七作「合思罕」，係關東曠地。達丹，唐古特語讀如

"dadan"，意即「結實馬」，卷十四作「丹當」，係站名。特古斯哈達，蒙古語讀如"tegus hada"，意即「雙山峯」，卷十四作「鐵古思敦」。巴勒噶遜，蒙古語讀如"balgasun"，意即「城」，卷十四作「八剌忽思」。哈瑪爾，蒙古語讀如"hamar"，意即「鼻」，卷十四作「合迷里」，卷十五作「合迷裏」，卷一三三作「渴密里」，卷一四九作「合迷」，係城名。伊立哈，滿洲語讀如"iliha"，意即「立」，卷十四作「亦里黑」。布濟克齊，蒙古語讀如"būjikci"，意即「舞司事人」，卷十四作「蒲昌赤」。伊勒錦，滿洲語讀如"ilgin"，意即「去毛皮」，卷十四作「亦剌真」，係站名。實喇圖嚕，蒙古語讀如"sira turu"，意即「黃色頭目」，卷十四作「撒兒都魯」。

齊達勒鄂爾多，蒙古語讀如"cidalordo"，意即「能亭」，卷十四作「千大利斡魯脫」。哈瑪爾伊蘇奇爾，蒙古語讀如"hamar isu kir"，意即「鼻九斑默」，卷十四作「合速玉速曲」。巴喇袞，蒙古語讀如"baragūn"，意即「西」，卷十五作「八立渾」。奇哷，讀如"kirei"，卷十五作「怯烈」，係河名。袞諾爾，蒙古語讀如"gun noor"，意即「深池」，卷十五作「口溫腦兒」，係山名。伊爾根諾爾，蒙古語讀如"irgen noor"，意即「民池」，卷十五作「業里干腦兒」。蘇尼巴雅爾，蒙古語讀如"suni bayar"，意即「夜喜」，卷十五作「許泥百牙」。博囉罕諾爾，蒙古語讀如"borohan noor"，意即「微青色池」，卷十五作「孛羅海腦兒」。圖魯卜台，蒙古語讀如"tulubtai"，意即「有形象」，卷十五作「朵郎不帶」，卷三十二作「禿立不帶」。德勒格爾，蒙古語讀

如"delger"，意即「開廣」，卷十五作「鐵烈兒」，係河名。諾延，蒙古語讀如"noyan"，意即「官長」，卷十五作「聶延」，係驛名。呼嚕，滿洲語讀如"huru"，意即「高阜處」，卷十五作「胡魯」。茂烏拉，蒙古語讀如"moo ula"，意即「不善驛站馬匹」，卷十五作「昂兀剌」。托果琳，蒙古語讀如"togorin"，意即「週圍」，卷十五作「托吾兒」，卷五十九作「脫斡憐」，係河名。扎蘭齊喇，滿洲語讀如"jalan cira"，意即「世嚴」，卷十五作「折連怯兒」。實納珠爾罕華，蒙古語讀如"sina jurgan hūwa"，意即「山崗六乾草黃馬」，卷十五作「赤那主里合花山」，係城名。圖嚕古，蒙古語讀如"turugu"，意即「頭目」，卷十五作「禿魯花」。摩琳，滿洲語讀如"morin"，意即「馬」，卷十五作「木鄰」，卷二十六作「木憐」，係站名。

　　《元史》以蒙古語為本，漢字音譯，各卷不一致，蒙古地名卷一作「按臺」，卷二十二作「按台」，卷一三五作「阿里台」，語解改書「阿勒台」（altai）。地名卷一作「沆海」，卷十七作「杭海」，語解改書「杭愛」（hanggai）。新疆地名卷一作「尋思干」，卷一四九作「撏思干」，語解改書「塔石干」（tašigan）。新疆地名卷八作「合失合兒」，卷十五作「可失合兒」，卷六十三作「可失哈耳」，卷一二〇作「可失哈兒」，卷一二三作「乞失塔里」，卷一八〇作「可失哈里」，語解改書「喀什噶爾」（kašigar）。河名卷一作「土兀剌」，卷二十九作「禿剌」，卷一二一作「禿兀剌」，卷一二二作「禿忽剌」，語解改書「圖喇」（tura），注明「滿洲語柱也」字樣。地名

卷一作「薛迷思干」，卷六十三作「撒麻耳干」，語解改書「賽瑪爾堪」（saimarkan），注明「回語繁華也」。河名卷一作「班珠尼」，卷一二四作「班尤居」，語解改書「班珠爾」（banjur），注明「唐古特語好際會也」字樣。重視體例，統一譯音，是不可忽視的問題。

考察山林川澤生態環境，有助於了解地理特徵，巴爾圖敖拉（bartu aola），意即「有虎山」。瑪納察（manaca），意即「可看守之地」。拉伊哩（la i ri），意即「神山」。羅索（loso），意即「極濕難耕地」。鄂托羅爾（otolor），意即「牧場」。布哈爾（buhar），意即「廢田」。瑪勒齊里克（malci lik），意即「牲畜蕃息處」。圖舍尼（tušeni），意即「出鹽處」，阿嚕（aru），意即「山陰」。托斯和（tosho），意即「莊屯」。烏蘇木奇（usumki），意即「散落住處」。額里齊（elici），意即「居民環繞」。奎騰敖拉（kuiten aola），意即「冷山」。準諾爾（jun noor），意即「東池」。巴喇袞（baragūn），意即「西」。伊爾默克（irmek），意即「河岸」。伊爾默克圖（irmektu），意即「有河岸」。岱爾哈達（dair hada），意即「牡鹿山峰」。察遜諾爾（casu noor），意即「雪池」。蘇默哈達（sume hada），意即「廟山峰」。哈里（hali），意即「無人處」。阿里瑪圖（alimatu），意即「有梨」。蘇默岱（sumedai），意即「有廟」。察汗諾爾（cagan noor），意即「白色池」。達喇裕勒（dara yul），意即「救渡處所」。烏登（uden），意即「中伙處」。羅卜和台（lobhotai），意即「有極濕難耕地」。袞諾爾（gun noor），意即「深池」。伊爾根諾爾（irgen noor），意即「民池」。博囉罕諾

爾（borohan noor），意即「微青色池」。呼嚕（huru），意即「高阜處」。哈哩雅爾台（haliyartai），意即「有野蒜苗」。漢字舊稱，詞義難解，經改書注解，可以望文解義，《欽定元史語解》的學術貢獻，確實可以肯定。

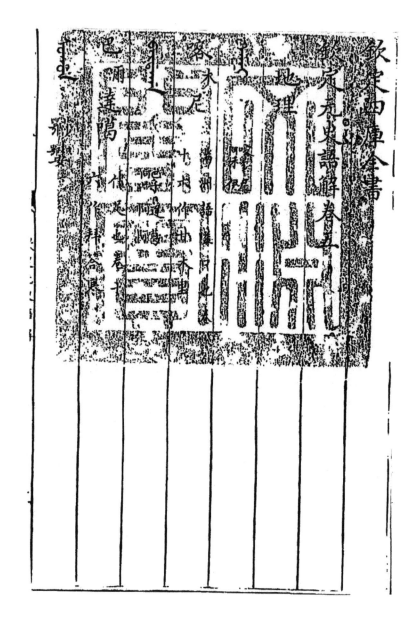

五、《欽定元史語解》地理（二）

　　查「地理志」，元以路統府，以府統州縣，在東南地區，大率皆漢字舊稱，而西北所轄之地，多從蒙古語按帙編次，其稱地者，不複注地名字樣，而城郭、驛站、山林、川澤等則各分注於下。至於雲南、四川少數民族所屬，原非蒙古語者，概不錄入。語解地理，含河名、泉名、關隘名、山名、隰名、澤名、川名、地名、寨名、城名、縣名、棧名、驛名、站名、府名、路名、水名等，對研究元朝「地理志」，提供頗多珍貴資料。

《欽定元史語解》地理（二）滿漢對照表

順次	滿洲語	漢　字	羅馬拼音	詞　義
1		喀木尼	kamni	滿洲語，隘口
2		巴達爾噶	bardaga	蒙古語，充足
3		索歡	sohon	滿洲語，淡黃色
4		烏法	ufa	滿洲語，麵

順次	滿洲語	漢　字	羅馬拼音	詞　義
5		扎　色 安　巴	jase amba	滿洲語， 邊大
6		翁　科	ongko	滿洲語， 牧場
7		拉古納	lagūna	蒙古語， 食物狼藉
8		埒　里	leli	滿洲語， 寬廣
9		阿拉克 哈雅	alak haya	蒙古語， 花斑山墙
10		奇　凌 塔　斯	kiling tas	蒙古語， 怒氣性暴
11		威　喇	oira	蒙古語， 近
12		繅　察	saoca	蒙古語， 座位

順次	滿洲語	漢　字	羅馬拼音	詞　義
13		溫都爾	ūndur	蒙古語，高
14		塔齊爾台	tacirtai	蒙古語，有瘠地
15		阿勒達爾	aldar	蒙古語，名譽
16		察遜塔拉	casun tala	蒙古語，雪曠野
17		哈喇婁	hara luo	蒙古語，黑龍
18		哈坦納新	hatan nasin	滿洲語，性暴羆
19		納喇蘇	narasu	蒙古語，松樹
20		古嚕遜	gurusun	蒙古語，獸

順次	滿洲語	漢　字	羅馬拼音	詞　義
21		呼　必	hūbi	蒙古語，分
22		尼奇哩	nikiri	
23		哈勒巴	halba	滿洲語，琵琶骨
24		濟蘇摩哩	jisu mori	蒙古語，顏色馬
25		必齊罕布哩頁	bicihan buriye	蒙古語，小海螺
26		舍哩	šeri	滿洲語，泉
27		青海	cing hai	蒙古語，庫庫諾海
28		齊喇拉	cirala	滿洲語，使嚴

順次	滿洲語	漢 字	羅馬拼音	詞 義
29		和約爾	hoyor	蒙古語，二
30		穆稜	muren	蒙古語，江
31		昆	kun	蒙古語，人
32		布濟克	būjik	蒙古語，舞
33		伊奇哩	ikiri	滿洲語，一連
34		圖沙瑪	tušama	蒙古語，甲葉
35		特爾格	terge	蒙古語，車
36		巴爾斯圖	barstu	蒙古語，有虎
37		古策	gu ts'e	唐古特語，身壽
38		罕扎	hanja	滿洲語，廉

順次	滿洲語	漢　字	羅馬拼音	詞　義
39		諾海	nohai	蒙古語，犬
40		繰察克酬	saoca keceo	蒙古語，座位強
41		都爾蘇	dursu	蒙古語，體
42		奇爾雅蘇	kir yasu	蒙古語，斑點骨
43		蘇克徹爾	suke cer	蒙古語，斧潔淨
44		呼巴哩	hūbari	蒙古語，田畔
45		塔奇克拉呼	takiklahū	蒙古語，供獻
46		翁果察圖	onggocatu	蒙古語，有船

順次	滿洲語	漢　字	羅馬拼音	詞　義
47		納　琳　布　拉　克	narin bulak	蒙古語，細泉
48		德　哷　蘇	deresu	蒙古語，玉草
49		達　實　裕　勒	dasi yul	唐古特語，吉祥處
50		囊　巴	nangba	唐古特語，屋宇
51		塔　坦	tatan	滿洲語，宿處
52		圖　魯　卜	tulub	蒙古語，形像
53		額　埒　蘇	elesu	蒙古語，沙
54		茂　諾　爾	moo noor	蒙古語，不善池

順次	滿洲語	漢　字	羅馬拼音	詞　義
55		拉薩哩	lasari	滿洲語，樹枝下垂
56		和　和	hoho	滿洲語，豆角
57		摩　琳特爾格	morin terge	蒙古語，馬車
58		摩　該	mogai	蒙古語，蛇
59		塔塔喇	tatara	
60		尼嚕罕	niruhan	滿洲語，畫
61		薩斯嘉	sasgiya	蒙古語，西番地名
62		密齊軒	micihiyan	滿洲語，淺
63		昂　阿	angga	滿洲語，口

順次	滿洲語	漢　字	羅馬拼音	詞　義
64		敖 拉 圖	aolatu	蒙古語，有山
65		摩　濟	moji	蒙古語，省城
66		拉　塔	lata	滿洲語，遲鈍
67		伊 特 戩	it jiyan	唐古特語，有心
68		塔 齊 爾 敖 拉	tacir aola	蒙古語，瘠地山
69		庫 稜	kuren	蒙古語，地名
70		和 果 爾 斯	horgos	蒙古語，牧地遺矢

順次	滿洲語	漢　字	羅馬拼音	詞　義
71		哈德魯本　斯濟斯布	has deji lus bumbu	蒙古語， 玉上 龍 道士
72		本喇剛　布實	bumbu yasi g'ang	道士 吉祥 滿
73		楚嘉　實勒勒	cusil jiyal	唐古特語， 水晶勝
74		柔甘斯	do g'an sy	蒙古語， 古部名

順次	滿洲語	漢字	羅馬拼音	詞義
75		珠爾罕楚蘇古爾	jurgan cūgursu	蒙古語，六杉木
76		色珍	sejen	滿洲語，車
77		蘇默圖	sumetu	蒙古語，有廟
78		珠扎干	jujagan	蒙古語，厚
79		茂	moo	滿洲語，樹
80		桑嘉勒	sang jiyal	唐古特語，好勝
81		鄂爾多斯	ordos	蒙古語，地名
82		巴雅爾	bayar	蒙古語，喜

順次	滿洲語	漢 字	羅馬拼音	詞 義
83		婁 森 濟	luo senji	蒙古語， 龍鐘鈕
84		扎 延	jayan	滿洲語， 牙關
85		阿 嚕 察 阿 噶 察	aru gaca	蒙古語， 山陰鄉村
86		約 尼	yooni	滿洲語， 全
87		格 根 察 罕	gegen cagan	蒙古語， 明白色
88		都 爾 伯 珍	durbejen	滿洲語， 四稜
89		鄂 勒 歡 茂	olhon moo	滿洲語， 乾樹
90		必 齊 克 圖	biciktu	蒙古語， 有書

順次	滿洲語	漢　字	羅馬拼音	詞　義
91		圖圖爾哈	tuturha	蒙古語，稻
92		圖古勒	tugūl	蒙古語，牛犢
93		實默里	simeli	滿洲語，寂寞
94		鄂羅木圖	olomtu	蒙古語，有渡口
95		布勒圖	bultu	蒙古語，純
96		和　拉 和實袞	hola hosigūn	蒙古語，遠山岡盡處
97		昆德楞 諤布爾	kundelen ūbur	蒙古語，橫山陽
98		烏納巴	unaba	蒙古語，已墜落

順次	滿洲語	漢　字	羅馬拼音	詞　義
99		和　塔	hota	蒙古語，城
100		索勒濟爾	soljir	蒙古語，單
101		呼圖克阿喇勒	hūtuk aral	蒙古語，福水中島
102		哈　喇哈納圖	hara hanatu	蒙古語，黑色有氈廬墻
103		博　囉和　尼	boro honi	蒙古語，青羊
104		博　囉察　罕	boro cagan	蒙古語，青色白色
105		薩勒扎	salja	滿洲語，岐路

順次	滿洲語	漢　字	羅馬拼音	詞　義
106		托囉克台	toroktai	蒙古語，有馬鹿
107		烏蘇果勒	usu gool	蒙古語，水河
108		安塔哈	antaha	滿洲語，客
109		庫堪	kuk'an	滿洲語，炕沿
110		呼喇圖	hūratu	蒙古語，有雨
111		塔斯哈	tasha	滿洲語，虎
112		喇實	rasi	唐古特語，吉祥
113		瑪奇	maki	滿洲語，纛纓
114		伊嚕勒圖	irultu	蒙古語，有福分
115		吉爾丹	girdan	滿洲語，蜈蚣纛

順次	滿洲語	漢　字	羅馬拼音	詞　義
116		呼爾哈	hūrha	
117		穆稜 奇里	muren kili	蒙古語， 江交界
118		特爾根 穆稜	tergen muren	蒙古語， 車江
119		松阿哩	sunggari	部落名
120		邁拉遜	mailasun	滿洲語， 柏樹
121		瑪納 和實袞	mana hosigūn	蒙古語， 巡邏山 岡盡處
122		察呼	cahū	蒙古語， 支杆

順次	滿洲語	漢　字	羅馬拼音	詞　義
123		實保齊	sibaoci	蒙古語，養禽鳥人
124		實呼圖	siretu	蒙古語，有床
125		隆　拉	lungla	唐古特語，風神
126		伊勒都 額爾古	ildu ergu	蒙古語，遞腰刀
127		呼　哩	hūri	滿洲語，松子
128		碩　隆	šorong	蒙古語，山峰直出
129		特哩袞 布拉克	terigun bulak	蒙古語，為首泉
130		額卜齊袞	ebcigun	蒙古語，胸

順次	滿洲語	漢　字	羅馬拼音	詞　義
131		雙和爾	šonghor	蒙古語，海青
132		實喇威	sira oi	蒙古語，黃色叢林
133		阿嘍罕	aroohan	蒙古語，差勝
134		呼喇	hūra	蒙古語，雨
135		蘇嚕克	suruk	蒙古語，馬群
136		滿濟勒噶	manjilga	蒙古語，瓔珞
137		哈喇努爾	hara nur	蒙古語，黑色面
138		實喇	sira	蒙古語，黃色
139		巴勒喇實	bal rasi	唐古特語，威吉祥

順次	滿洲語	漢　字	羅馬拼音	詞　義
140		鴻和爾布拉克	honghor bulak	蒙古語，黃馬泉
141		賽音圖布拉克	saintu bulak	蒙古語，好泉
142		尼格	nige	蒙古語，一
143		賽音布拉克	sain bulak	蒙古語，好泉
144		齊哩克	cirik	蒙古語，兵
145		阿勒呼木	alhūm	蒙古語，步
146		拉哩	lari	唐古特語，神山
147		哈哈	haha	滿洲語，男子

順次	滿洲語	漢　字	羅馬拼音	詞　義
148		巴哩納	barina	蒙古語，執
149		哈喇諾海	hara nohai	蒙古語，黑犬
150		塔哈爾巴	tarhaba	蒙古語，使散
151		布達	buda	梵語，佛
152		鼐爾圖	nairtu	蒙古語，和氣
153		達努	danu	
154		嘉鼐巴	jiya naiba	唐古特語，寬廣居地
155		成格勒	cenggel	蒙古語，樂
156		濟喇敏	jiramin	滿洲語，厚

順次	滿洲語	漢　字	羅馬拼音	詞　義
157		哈勒費延	halfiyan	滿洲語，扁
158		阿恰齊	aciyaci	蒙古語，司行李人
159		穆古爾珠	murguju	蒙古語，叩頭
160		魯爾	lur	唐古特語，緊要
161		巴爾斯	bars	蒙古語，虎
162		袞騰吉斯	gun tenggis	蒙古語，深湖
163		伊瑪奇爾	ima kir	蒙古語，山羊斑點
164		烏嚕	uru	

順次	滿洲語	漢字	羅馬拼音	詞義
165		哈 喇 和 琳	hara horin	蒙古語， 黑色二十
166		阿 巴 拉 呼	abalahū	蒙古語， 行圍
167		屯	tun	滿洲語， 水中島
168		烏 圖 哩	uturi	滿洲語， 圍兩頭
169		布 固	bugū	蒙古語， 鹿
170		穆 穆 哩	mumuri	滿洲語， 磨圓
171		鄂 端 諾 爾	odon noor	蒙古語， 星池
172		齊 必 勒	cibil	蒙古語， 忌諱
173		伊 爾 齊	irci	蒙古語， 填滿

順次	滿洲語	漢　字	羅馬拼音	詞　義
174		伊拉齊	ilaci	
175		伊遜 鄂羅木	isun olom	蒙古語，九渡口
176		伊拉瑪 博囉	ilama boro	蒙古語，桑樹青色
177		騰格哩 哈達	tenggeri hada	蒙古語，天山峰
178		和囉 海圖	horohaitu	蒙古語，有海蟲
179		瑪拉噶	malaga	蒙古語，帽
180		庫濟	kuji	蒙古語，香

順次	滿洲語	漢　字	羅馬拼音	詞　義
181		克　特	kete	蒙古語，火鐮
182		哈　喇 伯勒齊爾	hara belcir	蒙古語，黑色牧場
183		伊　實 巴 薩 沁	isi ba sa cin	唐古特語，智慧 勇地 大
184		納　琳 哈喇	narin hara	蒙古語，細黑色
185		奇　爾 穆　蘇	kir mūsu	蒙古語，斑點冰
186		鄂　博 勒	olbo	滿洲語，馬褂
187		奎　騰	kuiten	蒙古語，泠

順次	滿洲語	漢　字	羅馬拼音	詞　義
188		必齊勒	bicil	蒙古語，身小
189		彭　贊	pung dzan	唐古特語，集聚堅固
190		扎薩克達實	jasak dasi	政治吉祥
191		阿勒巴	alba	蒙古語，官差
192		果　密	g'omi	甘肅地名
193		頁　彭	ye pung	唐古特語，右集聚
194		塔　布	tabu	蒙古語，五
195		揚　薩	yangsa	滿洲語，芸草
196		察　納	cana	蒙古語，那邊

順次	滿洲語	漢　字	羅馬拼音	詞　義
197	〔滿文〕	伊　蘭	ilan	回語，蛇

資料來源：《欽定四庫全書》，「史部」，《欽定元史語解》，
　　　　卷五。

　　考察草木鳥獸的分佈及人文景觀，有助於了解其地理特
徵。表中喀木尼，滿洲語讀如"kamni"，意即「隘口」，
卷十六作「甘木里」。巴爾達噶，蒙古語讀如"bardaga"，
意即「充足」，卷十六作「拜答寒」。索歡，滿洲語讀如
"sohon"，意即「淡黃色」，卷十六作「唆歡」。烏法，
滿洲語讀如"ufa"，意即「麵」，卷十六作「瓦法」。
扎色安巴，滿洲語讀如"jase amba"，意即「邊大」，卷
十六作「扎散暗伯」。翁科，滿洲語讀如"ongko"，意
即「牧場」，卷十六作「瓮古」。拉古納，蒙古語讀如
"lagūna"，意即「食物狼藉」，卷十六作「列兀難」。
埒里，滿洲語讀如"leli"，意即「寬廣」，卷十六作「呂
連」，係站名。阿拉克哈雅，蒙古語讀如"alak haya"，
意即「花斑山墻」，卷十六作「剌里海牙」。奇凌塔斯，
蒙古語讀如"kiling tas"，意即「怒氣性暴」，卷十六作
「乞里台思」，係驛名。威喇，蒙古語讀如"oira"，意即
「近」，卷十六作「外剌」，係驛名。繅察，蒙古語讀如
"saoca"，意即「座位」，卷十六作「薛徹」，係驛名。溫
都爾，蒙古語讀如"ūndur"，意即「高」，卷十六作「溫
都兒」，卷二十七作「渾都兒」，係驛名。塔齊爾台，蒙古
語讀如"tacirtai"，意即「有瘠地」，卷十六作「塔乂兒塔

帶」。阿勒達爾，蒙古語讀如"aldar"，意即「名譽」，卷十六作「按答兒」。察遜塔拉，蒙古語讀如"casun tala"，意即「雪曠野」，卷十七作「曲先塔林」。

　　哈喇婁，蒙古語讀如"hara luo"，意即「黑龍」，卷十七作「合剌魯」。哈坦納新，滿洲語讀如"hatan nasin"，意即「性暴駑」，卷十七作「合敦奴孫」。納喇蘇，蒙古語讀如"narasu"，意即「松樹」，卷十七作「納里速」，係路名。古嚕遜，蒙古語讀如"gurusun"，意即「獸」，卷十七作「古兒孫」，係路名。呼必，蒙古語讀如"hūbi"，意即「所分之分」，卷十七作「忽必」，係站名。尼奇哩，讀如"nikiri"，卷十七作「捏怯烈」。哈勒巴，滿洲語讀如"halba"，意即「琵琶骨」，卷十七作「合里賓」，卷二十八作「哈里賓」，係驛名。濟蘇摩哩，蒙古語讀如"jisu mori"，意即「顏色馬」，卷十七作「只速滅里」。必齊罕布哩頁，蒙古語讀如"bicihan buriye"，意即「小海螺」，卷十七作「必察不里」，係城名。舍哩，滿洲語讀如"šeri"，意即「泉」，卷十八作「梭鰲」。青海，讀如"cing hai"，即「庫庫諾爾之地」，卷十九作「稱海」，卷一〇〇作「成海」。齊喇拉，滿洲語讀如"cirala"，意即「使嚴」，卷十九作「怯魯剌」。和約爾，蒙古語讀如"hoyor"，意即「二」，卷十九作「合亦而」。穆稜，蒙古語讀如"muren"，意即「江」，卷十九作「木鄰」，卷二十九作「木倫」，卷一五一作「莫蘭」，係河名，又係站名。昆，蒙古語讀如"kun"，意即「人」，卷十九作「可溫」。布濟克，蒙古語讀如"būjik"，意即「舞」，卷十九作「別吉」。伊奇哩，滿洲語讀如"ikiri"，意即「一

連」，卷十九作「亦乞列」，卷一二一作「也只里」，卷一八〇作「應吉里」，係站名，又係河名。

圖沙瑪，蒙古語讀如 "tušama" ，意即「甲葉」，卷十九作「朵思麻」，卷二十二作「脫思麻」，卷二十七作「脫思馬」，係站名，又係路名。特爾格，蒙古語讀如 "terge" ，意即「車」，卷十九作「鐵里干」，卷二十九作「帖列干」，卷五十八作「帖里干」，卷一五四作「貼列可」，係站名，又係地名。巴爾斯圖，蒙古語讀如 "barstu" ，意即「有虎」，卷十九作「八兒思禿」。古策，唐古特語讀如 "gu ts'e" ，意即「身壽」，卷二〇作「古柵」。罕扎，滿洲語讀如 "hanja" ，意即「廉」，卷二〇作「阿札」。諾海，蒙古語讀如 "nohai" ，意即「犬」，卷二十一作「那海」，卷二十七作「那懷」，係地名，又係驛名。繅察克酬，蒙古語讀如 "saoca keceo" ，意即「座位強」，卷二十一作「薛出合出」。都爾蘇，蒙古語讀如 "dursu" ，意即「體」，卷二十一作「朵耳思」。奇爾雅蘇，蒙古語讀如 "kir yasu" ，意即「斑點骨」，卷二十一作「乞而言思」。蘇克徹爾，蒙古語讀如 "suke cer" ，意即「斧潔淨」，卷二十一作「速哥察而」。呼巴哩，蒙古語讀如 "hūbari" ，意即「田畔」，卷二十二作「闊別列」。塔奇克拉呼，蒙古語讀如 "takiklahū" ，意即「供獻」，卷二十二作「迭怯里古」。翁果察圖，蒙古語讀如 "onggocatu" ，意即「有船」，卷二十二作「旺元察都」，卷三〇作「汪火察禿」，卷三十一作「王忽察都」。納琳布拉克，蒙古語讀如 "narin bulak" ，意即「細泉」，卷二十二作「納蘭不剌」。德呼蘇，蒙古語讀如 "deresu" ，意即

「玉草」，卷二十二作「塔剌思」，卷四〇作「迭列孫」。

達實裕勒，唐古特語讀如"dasi yul"，意即「吉祥處」，卷二十二作「塔失元」。囊巴，唐古特語讀如"nangba"，意即「屋宇」，卷二十二作「囊八」。塔坦，滿洲語讀如"tatan"，意即「宿處」，卷二十三作「塔塔」，卷一〇〇作「塔塔安」。圖魯卜，蒙古語讀如"tulub"，意即「形像」，卷二十三作「禿魯卜」。額埒蘇，蒙古語讀如"elesu"，意即「沙」，卷二十三作「亦剌思」。茂諾爾，蒙古語讀如"moo noor"，意即「不善池」，卷二十三作「昂兀腦兒」。拉薩哩，滿洲語讀如"lasari"，意即「樹枝下垂」，卷二十五作「連怯烈」。和和，滿洲語讀如"hoho"，意即「豆角」，卷二十六作「和懷」。摩琳特爾格，蒙古語讀如"morin terge"，意即「馬車」，卷二十六作「木鄰鐵里干」，係驛名。摩該，蒙古語讀如"mogai"，意即「蛇」，卷二十六作「麥該」，係驛名。塔塔喇，讀如"tatara"，卷二十六作「塔塔剌」，卷一〇〇作「塔塔裏」，卷一一五作「答答剌」。尼嚕罕，滿洲語讀如"niruhan"，意即「畫」，卷二十七作「奴兒干」。薩斯嘉，蒙古語讀如"sasgiya"，西番地名，卷二十七作「撒思加」，卷三十六作「撒斯吉牙」，卷一四〇作「撒思嘉」，卷二〇二作「薩斯迦」。密齊軒，滿洲語讀如"micihiyan"，意即「淺」，卷二十七作「蠻赤興」，係驛名。

昂阿，滿洲語讀如"angga"，卷二十七作「昂兀」，係嶺名。敖拉圖，蒙古語讀如"aolatu"，意即「有山」，卷二十八作「阿蘭禿」，係驛名。摩濟，蒙古語讀如

"moji"，意即「省城」，卷二十八作「末吉」。拉塔，滿洲語讀如"lata"，意即「遲鈍」，卷二十八作「刺禿」。伊特戩，唐古特語讀如"it jiyan"，意即「有心」，卷二十九作「月直延」。塔齊爾敖拉，蒙古語讀如"tacir aola"，意即「瘠地山」，卷二十九作「撒兒兀魯」。庫稜，蒙古語讀如"kuren"，喀爾喀地名，卷二十九作「闊連」。和爾果斯，蒙古語讀如"horgos"，意即「牧地遺矢」，卷二十九作「火兒火思」。哈斯德濟魯斯本布，蒙古語「哈斯」讀如"has"，意即「玉」，「德濟」讀如"deji"，意即「上分」，「魯斯」讀如"lus"，意即「龍」，「本布」讀如"bumbu"，意即「道士」，卷二十九作「哈思的結魯思伴卜」。本布喇實剛，蒙古語「本布」讀如"bumbu"，意即「道士」，「喇實」，唐古特語讀如"rasi"，意即「吉祥」，「剛」讀如"g'ang"，意即「滿」，卷二十九作「奔不兒亦思剛」，卷八十七作「奔布兒亦思剛」。楚實勒嘉勒，唐古特語讀如"cusiljiyal"，意即「水晶勝」，卷二十九作「察沙加兒」。朵甘斯，蒙古語讀如"do g'an sy"，古部名，卷二十九作「朵甘思」。珠爾罕楚古爾蘇，蒙古語「珠爾罕」讀如"jurgan"，意即「六」，「楚古爾蘇」讀如"cūgursu"，意即「杉木」，卷二十九作「卓兒罕察苦魯」。色珍，滿洲語讀如"sejen"，意即「車」，卷二十九作「色澤」，係嶺名。

蘇默圖，蒙古語讀如"sume tu"，意即「有廟」，卷二十九作「宿滅禿」，係驛名。珠扎干，蒙古語讀如"jujagan"，意即「厚」，卷二十九作「拙只干」，係驛名。茂，滿洲語讀如"moo"，意即「樹」，卷二十九作

「麻兀」，係驛名。桑嘉勒，唐古特語讀如 "sang jiyal"，意即「好勝」，卷三十作「星吉兒」。鄂爾多斯，蒙古語讀如 "ordos"，扎薩克地名，卷三十作「斡耳朵思」。巴雅爾，蒙古語讀如 "bayar"，意即「喜」，卷三十作「伯亦兒」，卷一二五作「百杏兒」，卷一三二作「伯牙」。婁森濟，蒙古語讀如 "luo senji"，意即「龍鐘鈕」，卷三十作「老撒加」，係河名。扎延，滿洲語讀如 "jayan"，意即「牙關」，卷三十一作「扎顏」。阿嚕噶察，蒙古語讀如 "aru gaca"，意即「山陰鄉村」，卷三十一作「斡羅斡察」，係山名。約尼，滿洲語讀如 "yooni"，意即「全」，卷三十一作「野泥」。格根察罕，蒙古語讀如 "gegen cagan"，意即「明白色」，卷三十一作「潔堅察罕」。都爾伯珍，滿洲語讀如 "durbejen"，意即「四稜」，卷三十一作「朶里伯真」。鄂勒歡茂，滿洲語讀如 "olhon moo"，意即「乾樹」，卷三十一作「斡耳罕木」。必齊克圖，蒙古語讀如 "biciktu"，意即「有書」，卷三十一作「必忝怯禿」，卷一二七作「必失禿」。圖圖爾哈，蒙古語讀如 "tuturha"，意即「稻」，卷三十一作「探禿兒海」。圖古勒，蒙古語讀如 "tugūl"，意即「牛犢」，卷三十一作「禿忽剌」。

實默里，滿洲語讀如 "simeli"，意即「寂寞」，卷三十一作「西木隣」，係驛名。鄂羅木圖，蒙古語讀如 "olomtu"，意即「有渡口」，卷三十一作「斡羅斡禿」。布勒圖，蒙古語讀如 "bultu"，意即「純」，卷三十一作「不魯通」。和拉和實袞，蒙古語讀如 "hola hosigūn"，意即「遠山岡盡處」，卷三十一作「忽剌火失溫」。昆

德楞諤布爾，蒙古語讀如 "kundelen ūbur"，意即「橫山陽」，卷三十一作「坤都也不剌」。烏納巴，蒙古語讀如 "unaba"，意即「已墜落」，卷三十一作「兀納八」。和塔，蒙古語讀如 "hota"，意即「城」，卷三十一作「闊朶」。索勒濟爾，蒙古語讀如 "soljir"，意即「單雙之單」，卷三十一作「撒里怯兒」。呼圖克阿喇勒，蒙古語讀如 "hūtuk aral"，意即「福水中島」，卷三十一作「闊朶傑阿剌倫」。哈喇哈納圖，蒙古語讀如 "hara hanatu"，意即「有黑色氈廬墻」，卷三十一作「哈兒哈納禿」。博囉和尼，蒙古語讀如 "boro honi"，意即「青羊」，卷三十一作「孛羅火你」。博囉察罕，蒙古語讀如 "boro cagan"，意即「青色白色」，卷三十一作「不羅察罕」，卷三十三作「孛羅察罕」。薩勒扎，滿洲語讀如 "salja"，卷三十一作「小只」。托囉克台，蒙古語讀如 "toroktai"，意即「有馬鹿」，卷三十二作「陀羅臺」。烏蘇果勒，蒙古語讀如 "usu gool"，意即「水河」，卷三十三作「阿蘇古兒」。安塔哈，滿洲語讀如 "antaha"，意即「客」，卷三十三作「按塔罕」，卷一二八作「按答罕」。

　　庫堪，滿洲語讀如 "kuk'an"，意即「炕沿」，卷三十三作「闊干」。呼喇圖，蒙古語讀如 "hūratu"，意即「有雨」，卷三十三作「忽剌禿」。塔斯哈，滿洲語讀如 "tasha"，意即「虎」，卷三十三作「塔思哈」，係驛名。喇實，唐古特語讀如 "rasi"，意即「吉祥」，卷三十三作「剌旭」，係驛名。瑪奇，滿洲語讀如 "maki"，意即「纛纓」，卷三十三作「麥怯」，係驛名，卷一七四作「馬紀」，係嶺名。伊嚕勒圖，蒙古語讀如 "irultu"，

意即「有福分」，卷三十三作「牙連禿」。吉爾丹，滿洲語讀如"girdan"，意即「蜈蚣纛」，卷三十三作「傑魯迭」。呼爾哈，讀如"hūrha"，卷三十四作「胡里改」，又作「胡里該」，係江名。穆棱奇里，蒙古語讀如"muren kili"，意即「江交界」，卷三十四作「木鄰扎里」。特爾根穆棱，蒙古語讀如"tergen muren"，意即「車江」，卷三十四作「鐵里干木隣」，係驛名。松阿哩，蒙古語讀如"sunggari"，部落名，卷三十四作「宋瓦」，卷九十四作「宋阿」，係江名。邁拉遜，滿洲語讀如"mailasun"，意即「柏樹」，卷三十四作「末魯孫」，係驛名。瑪納和實袞，蒙古語讀如"mana hosigūn"，意即「巡邏山岡盡處」，卷三十四作「木納火失溫」。察呼，蒙古語讀如"cahū"，意即「支杆」，卷三十五作「察忽」。實保齊，蒙古語讀如"sibaoci"，意即「養禽鳥人」，卷三十五作「昔寶赤」，係驛名。實呼圖，蒙古語讀如"siretu"，意即「有床」，卷三十五作「失兒禿」，係驛名。

隆拉，唐古特語讀如"lungla"，意即「風神」，卷三十五作「龍剌」。伊勒都額爾古，蒙古語「伊勒都」讀如"ildu"，意即「腰刀」，「額爾古」讀如"ergu"，意即「遞」，卷三十五作「翼頂也兒古」。呼哩，滿洲語讀如"hūri"，意即「松子」，卷三十五作「忽里」。碩隆，蒙古語讀如"šorong"，意即「山峯直出」，卷三十六作「掃憐」，係驛名。特哩袞布拉克，蒙古語讀如"terigun bulak"，意即「為首泉」，卷三十六作「帖里干不老」，係驛名。額卜齊袞，蒙古語讀如"ebcigun"，意即「胸」，卷三十六作「也不徹溫」，係驛名。雙和爾，蒙

古語讀如 "šonghor"，意即「海青」，卷三十八作「勝火兒」，係站名，卷一○○作「勝回」。實喇威，蒙古語讀如 "siraoi"，意即「黃色叢林」，卷三十八作「撒里畏」。阿嘍罕，蒙古語讀如 "aroohan"，意即「差勝」，卷三十九作「阿魯哈」，卷一二○作「阿魯歡」，係河名。呼喇，蒙古語讀如 "hūra"，意即「雨」，卷三十九作「灰里」，係河名。蘇嚕克，蒙古語讀如 "suruk"，意即「馬群」，卷三十九作「薛連可」。滿濟勒噶，蒙古語讀如 "manjilga"，意即「瓔珞」，卷三十九作「馬扎罕」，卷一三四作「馬扎兒」。哈喇努爾，蒙古語讀如 "hara nur"，意即「黑色面」，卷三十九作「哈刺奴兒」。實喇，蒙古語讀如 "sira"，意即「黃色」，卷三十九作「失刺」，卷二○三作「旭烈」。巴勒喇實，唐古特語讀如 "bal rasi"，意即「威吉祥」，卷四十作「八魯刺思」。

鴻和爾布拉克，蒙古語讀如 "honghor bulak"，意即「黃馬泉」，卷四○作「晃火兒不刺」。賽音圖布拉克，蒙古語讀如 "saintu bulak"，意即「有好泉」，卷四○作「賽禿不刺」。尼格，蒙古語讀如 "nige"，意即「一」，卷四○作「紐阿」。賽音布拉克，蒙古語讀如 "sain bulak"，意即「好泉」，卷四○作「三卜刺」，卷一四八作「三不刺」。齊哩克，蒙古語讀如 "cirik"，意即「兵」，卷四○作「怯烈」，係站名。阿勒呼木，蒙古語讀如 "alhūm"，意即「步」，卷四○作「阿刺忽」。拉哩，唐古特語讀如 "lari"，意即「神山」，卷四十一作「刺里」。哈哈，滿洲語讀如 "haha"，意即「男子」，卷四十一作「海海」，卷一二○作「罕哈」。巴哩納，蒙古語讀如 "barina"，

意即「執」，卷四十一作「八鄰內」。哈喇諾海，蒙古語讀如 "hara nohai"，意即「黑犬」，卷四十一作「哈剌那海」。塔爾哈巴，蒙古語讀如 "tarhaba"，意即「使散」，卷四十一作「禿魯和伯」。布達，梵語讀如 "buda"，意即「佛」，卷四十一作「孛答」，卷一二八作「百搭」，係地名，又係山名。鼐爾圖，蒙古語讀如 "nairtu"，意即「和氣」，卷四十一作「乃禿」。達努，讀如 "danu"，卷四十二作「大奴」。嘉鼐巴，唐古特語讀如 "jiya naiba"，意即「寬廣所居地」，卷四十三作「扎你別」。成格勒，蒙古語讀如 "cenggel"，意即「樂」，卷四十三作「寵吉兒」，卷九十作「成吉哩」。濟喇敏，滿洲語讀如 "jiramin"，意即「厚」，卷四十四作「乞列迷」，卷一一九作「吉烈滅」。

哈勒費延，滿洲語讀如 "halfiyan"，意即「扁」，卷四十四作「哈兒分」。阿恰齊，蒙古語讀如 "aciyaci"，意即「司行李人」，卷四十四作「阿輕乞」，卷一一七作「阿赤怯」。穆爾古珠，蒙古語讀如 "murguju"，意即「叩頭」，卷四十五作「木兒古徹兀」，卷二〇六作「木兒古兀徹」。魯爾，唐古特語讀如 "lur"，意即「緊要」，卷四十六作「路兒」，係嶺名。巴爾斯，蒙古語讀如 "bars"，意即「虎」，卷四十六作「八兒斯」，卷一三一作「不魯思」。袞騰吉斯，蒙古語讀如 "gun tenggis"，意即「深湖」，卷五十作「寬田吉思」，係海名。伊瑪奇爾，蒙古語讀如 "ima kir"，意即「山羊斑點」，卷五〇作「亦母兒乞」，係嶺名。烏嚕，讀如 "uru"，卷五十八作「兀魯」。哈喇和琳，蒙古語讀如 "hara horin"，意即「黑色二十」，卷五十八作「哈剌和林」，係河名。阿巴拉呼，

蒙古語讀如"abalahū"，意即「行圍」，卷五十九作「阿八剌忽」。屯，滿洲語讀如"tun"，意即「水中島」，卷五十九作「桃溫」。烏圖哩，滿洲語讀如"uturi"，意即「圍兩頭」，卷五十九作「斡朶憐」，卷一六六作「斡禿魯」，係地名，又係寨名。布固，蒙古語讀如"bugū"，意即「鹿」，卷五十九作「孛苦」，係江名。穆穆哩，滿洲語讀如"mumuri"，意即「凡物磨圓之謂」，卷六十一作「悶磨黎」，係山名。鄂端諾爾，蒙古語讀如"odon noor"，意即「星池」，卷六十三作「火敦腦兒」，係澤名。

　　齊必勒，蒙古語讀如"cibil"，意即「忌諱」，卷六十三作「赤賓」，係河名。伊爾齊，蒙古語讀如"irci"，意即「填滿」，卷六十三作「也里出」，係水名。伊拉齊，讀如"ilaci"，卷六十三作「也里朮」，係水名。伊遜鄂羅木，蒙古語讀如"isunolom"，意即「九渡口」，卷六十三作「也孫斡論」，係水名。伊拉瑪博囉，蒙古語讀如"ilama boro"，意即「桑樹青色」，卷六十三作「亦耳麻不莫剌」，又作「亦耳麻不剌」，係山名。騰格哩哈達，蒙古語讀如"tenggeri hada"，意即「天山峯」，卷六十三作「騰乞里塔」，卷一二二作「天哥里于答哈」，係山名。和囉海圖，蒙古語讀如"horohaitu"，意即「有海蟲」，卷六十三作「懷里火禿」，卷一二三作「懷剌合都」，係河名。瑪拉噶，蒙古語讀如"malaga"，意即「帽」，卷六十三作「郎麻哈」。庫濟，蒙古語讀如"kuji"，意即「香」，卷六十三作「闊即」。克特，蒙古語讀如"kete"，意即「火鐮」，卷六十三作「闊提」，又作「柯提」。哈喇伯勒齊爾，蒙古語讀如"hara belcir"，意即「黑色牧場」，卷六

十三作「哈剌別里赤兒」。伊實巴薩沁，唐古特語讀如 "isi ba sa cin"，意即「智慧勇地大」，卷六十三作「亦西八思今」，係河名。納琳哈喇，蒙古語讀如 "narin hara"，意即「細黑色」，卷六十三作「納鄰哈剌」，係河名。奇爾穆蘇，蒙古語讀如 "kir mūsu"，意即「斑點冰」，卷六十三作「乞兒馬出」，係水名。

　　鄂勒博，滿洲語讀如 "olbo"，意即「馬褂」，卷六十三作「阿以伯」，係站名。奎騰，蒙古語讀如 "kuiten"，意即「冷」，卷六十三作「貴德」，係州名。必齊勒，蒙古語讀如 "bicil"，意即「身小」，卷六十三作「必赤里」。彭贊，唐古特語讀如 "pung dzan"，意即「集聚堅固」，卷六十三作「鵬梭」，係河名，又係山名。扎薩克達實，「扎薩克」蒙古語讀如 "jasak"，意即「政治」，「達實」唐古特語讀如 "dasi"，意即「吉祥」，卷六十三作「扎塞塔失」。阿勒巴，蒙古語讀如 "alba"，意即「官差」，卷六十三作「二巴」，係站名。果密，蒙古語讀如 "g'omi"，甘肅地名，卷六十三作「搆米」，係站名。頁彭，唐古特語讀如 "yepung"，意即「右集聚」，卷六十三作「野麗」，係河名。塔布，蒙古語讀如 "tabu"，意即「五」，卷六十三作「踏白」，係城名。揚薩，滿洲語讀如 "yangsa"，意即「芸草」，卷六十三作「羊撒」，係嶺名。察納，蒙古語讀如 "cana"，意即「那邊」，係河名。伊蘭，回語讀如 "ilan"，意即「蛇」，卷六十三作「益蘭」，係州名。

　　前列地理表中，除地名外，還含有站名、驛名、路名、城名、河名、嶺名、山名、江名、海名、寨名、澤名、水名、州名等。其中「喀木尼」（kamni），意即「隘口」。

扎色安巴（jase amba），意即「邊大」。翁科（ongko），意即「牧場」。塔齊爾台（tacirtai），意即「有瘠地」。呼巴哩（hūbari），意即「田畔」。納琳布拉克（narin bulak），意即「細泉」。敖拉圖（aolatu），意即「有山」。蘇默圖（sumetu），意即「有廟」。阿嚕噶察（aru gaca），意即「山陰鄉村」。鄂羅木圖（olomtu），意即「有渡口」。昆德楞諤布爾（kundelen ūbur），意即「橫山陽」。薩勒扎（salja），意即「岐路」。烏蘇果勒（usu gool），意即「水河」。拉哩（lari），意即「神山」。嘉鼐巴（jiya naiba），意即「所居地寬廣」。袞騰吉斯（gun tenggis），意即「深湖」。

　　草木鳥獸的分佈，有助於了解當地生態環境。路名納喇蘇（narasu），意即「松樹」。驛名邁拉遜（mailasun），意即「柏樹」。地名實喇威（sira oi），意即「黃色叢林」。路名古嚕遜（gurusun），意即「獸」。地名又係驛名諾海（nohai），意即「犬」。驛名摩該（mogai），意即「蛇」。州名伊蘭（ilan），意即「蛇」。河名婁森濟（luo senji），意即「龍鐘鈕」。地名圖古勒（tugūl），意即「牛犢」。地名博囉和尼（boro honi），意即「青羊」。托囉克台（toroktai），意即「有馬鹿」。驛名塔斯哈（tasha），意即「虎」。地名巴爾斯（bars），意即「虎」。嶺名伊瑪奇爾（ima kir），意即「山羊斑點」。江名布固（bugū），意即「鹿」。河名和囉海圖（horohaitu），意即「有海蟲」。地名哈坦納新（hatan nasin），意即「性暴羆」。站名雙和爾（šonggor），意即「海青」。驛名實保齊（sibaoci），意即「養禽鳥人」。

　　以數目為名，亦有其意義。地名尼格（nige），意即「一」。地名和約爾（hoyor），意即「二」。城名塔布（tabu），意即「五」。珠爾罕楚古爾蘇（jurgan cūgursu），意即「六杉木」，或因當地六棵杉木而得名。伊遜鄂羅木（isun olom），意即「九渡口」，或因當地有九處渡口而得名。

　　山名布達（buda），意即「佛」。達實裕勒（dasi yul），意即「吉祥處」。地名塔坦（tatan），意即「宿處」。鄂羅木圖（olomtu），意即「有渡口」。和塔（hota），意即「城」。摩濟（moji），意即「省城」。從地名的詞義，有助於了解地名的由來。

欽定元史語解卷六

地理

格爾濟農 格爾房屋也濟農名號之稱卷六十三作哥疾寧

�* ᡫᡤ 伊烏勒 卷六十三作哥疾寧

克布爾 地潮濕之謂卷六 小三作可不里

阿補爾 阿寫

巴達阿克 沙安 巴達克阿克安 阿克沙安

欽定四庫全書

巴達克山 今新疆地名卷六 十三作巴達哈傷

欽定元史語解

卷六

一

六、《欽定元史語解》地理（三）

　　元朝版圖，遠過漢唐。查「地理志」，以路統府，以府統州縣，在東南者，大率皆漢字舊稱，而西北所轄之地，多從蒙古語按卷帙編次，其稱地者不複注地名字樣，而城郭、驛站、山林、川澤等，則各分注於下。至於雲南、四川少數民族所屬，原非蒙古語者，概不錄入。語解地理，含河名、泉名、關隘名、山名、隘名、澤名、川名、地名、寨名、城名、縣名、棧名、驛名、站名、府名、路名、水名等，對研究元朝地理特徵，提供頗多珍貴的資料。

《欽定元史語解》地理（三）滿漢對照表

順次	滿洲語	漢　字	羅馬拼音	詞　義
1		格爾濟農	ger jinung	蒙古語，房屋名號
2		克布爾	kebur	蒙古語，地潮濕
3		巴達克山	badakšan	蒙古語，地名
4		圖斯	tus	蒙古語，迎面

順次	滿洲語	漢　字	羅馬拼音	詞　義
5		特 丽 默	terme	蒙古語，褐
6		納 克 恰 卜	nak kiyab	唐古特語，樹林普遍
7		塔 里 堪	talikan	蒙古語，回城名
8		和 爾 展	hoor jan	蒙古語，毒象
9		瑪 爾 噶 朗	margalang	蒙古語，回地名
10		和 坦	hotan	蒙古語，城
11		巴 勒 布	balbu	蒙古語，西藏部名
12		額 濟 格 依	ejigei	蒙古語，奶渣
13		鄂 持	oc'y	蒙古語，回城名
14		庫 徹	kuce	蒙古語，新疆地名

順次	滿洲語	漢　字	羅馬拼音	詞　義
15		喀三	kasan	蒙古語，回城名
16		阿巴特什	atbaši	蒙古語，回地名
17		巴爾莽	barmang	回語，不用去
18		察持	cac'y	回語，髮
19		雅根持	yagenc'y	回語，雨水多
20		額巴爾拉	erbala	回語，小兒有力
21		保喇	boora	蒙古語，雄駝
22		頁密實	yemiši	回語，果品繁盛處
23		魯克沁	lukcin	唐古特語，大禮
24		色哩	seri	滿洲語，稀少

順次	滿洲語	漢　字	羅馬拼音	詞　義
25		徹迪爾	cedir	回語，帳房
26		托果沁	togocin	蒙古語，司釜人
27		昂巴吉爾	anggi bar	蒙古語，隊伍虎
28		呼巴達哩	hūda bari	蒙古語，作親家
29		展斡爾	janwar	回語，安逸
30		賽哩木	sairim	蒙古語，新疆地名
31		巴爾齊勤	bar cikin	蒙古語，虎耳
32		塔迪	tadi	回語，相賴
33		格蘇隆	gesulung	蒙古語，水不全凍

順次	滿洲語	漢　字	羅馬拼音	詞　義
34		實喇斯	siras	蒙古語， 色黃
35		實喇濟	siralji	蒙古語， 黃蒿
36		庫法	kufa	
37		阿實達	asida	蒙古語， 常
38		烏楚 闕喇	ucu pira	蒙古語， 回城名
39		茂沙里	moošali	回語， 交界
40		沙幹 爾克	šarwak	梵語， 聲聞
41		羅里	loli	滿洲語， 樹葉下垂
42		齊薩 瑪爾 爾噶	cirmasagar	蒙古語， 儘力把拮

順次	滿洲語	漢　字	羅馬拼音	詞　義
43		拉巴咱	labadza	回語， 妄談
44		納千 班第	nag'an bandi	唐古特語， 年老僧
45		伊斯 帕罕	ispahan	蒙古語， 回城名
46		咱斡	dzawa	唐古特語， 根本
47		喀尚	kašang	回語， 遲鈍
48		都蘭	dulan	蒙古語， 和煖
49		哈巴爾	habar	蒙古語， 鼻
50		實木南	šimnan	蒙古語， 回地名
51		阿勒穆 喇特	almurat	蒙古語， 蘋果
52		克濟頁	kejiye	蒙古語， 幾時

順次	滿洲語	漢　字	羅馬拼音	詞　義
53		阿穆爾	amur	蒙古語， 安
54		薩里 雅克	saliyak	回語， 黃油
55		塔瑪沙	tamaša	回語， 繁華
56		安展	anjan	蒙古語， 回城名
57		阿巴哈 納爾	abahanar	蒙古語， 部落名
58		薩里莽	salimang	回語， 不用脫衣
59		烏勒章	uljang	蒙古語， 回藥名
60		迪斯坦	distan	蒙古語， 回城名
61		巴勒 塔哈	baltaha	滿洲語， 貂鼠下頦
62		都爾本	durben	蒙古語， 四

順次	滿洲語	漢　字	羅馬拼音	詞　義
63		布 木	bum	唐古特語，億
64		達 布 遜	dabusun	蒙古語，鹽
65		布 斯 圖	bustu	蒙古語，有布
66		佛 頁	feye	滿洲語，窩巢
67		尼 布 沙 爾	nišabur	蒙古語，回城名
68		實 喇 哈 達	sira hada	蒙古語，黃色山峰
69		帕 爾 斡 爾 迪	parwardi	回語，水淡
70		瑪 凌 古	malinggū	蒙古語，芝蔴
71		伯 勒 赫	belhe	滿洲語，預備
72		鄂 普	opu	蒙古語，回地名

順次	滿洲語	漢　字	羅馬拼音	詞　義
73		玉　舒	ioišu	蒙古語，青海地名
74		摩和爾	mohor	回語，印
75		伊實拉	isi la	唐古特語，智慧神
76		和坦巴哩	hotan bari	蒙古語，城築
77		烏蘭濟蘇	ulan jisu	蒙古語，紅色
78		達伊克克	dak ik	唐古特語，成語
79		阿布隆	a burung	唐古特語，五野牛
80		貝　戎	beiceng	唐古特語，香珠

順次	滿洲語	漢　字	羅馬拼音	詞　義
81		拉木綱	lam g'ang	唐古特語，路微高處
82		本　布	bumbu	蒙古語，道士
83		哈喇台	haratai	蒙古語，黑心人
84		哈　喇	hara	蒙古語，黑色
85		昻吉爾	anggir	蒙古語，黃野鴨
86		茂穆蘇	moo mūsu	蒙古語，不善冰
87		伊　實 瑪爾甘	isi marg'an	唐古特語，智慧 老婦人
88		古嚕蘇	gurusu	蒙古語，獸
89		達　哩	dari	蒙古語，大藥

順次	滿洲語	漢　字	羅馬拼音	詞　義
90		蘇魯實	silusu	蒙古語，猞猁猻
91		恰爾巴	kiyarba	唐古特語，雨
92		蘇爾瑪節斡	surma jiyewa	唐古特語，舊常住
93		薩喇	sara	蒙古語，月
94		托音都爾溫	toin ūndur	蒙古語，僧高
95		阿塔克斯	aktas	蒙古語，騸馬群
96		都沁喇陶哈伊	ducin hara itao	蒙古語，四十黑色半翅

順次	滿洲語	漢　字	羅馬拼音	詞　義
97		班布 䯄實	bambursi	蒙古語， 一歲熊
98		索鈕	sonio	滿洲語， 單
99		奎騰 阿哈	kuiten aha	蒙古語， 冷兄
100		費里沙	filiša	
101		阿雅古 勒	ayalgū	蒙古語， 聲音
102		呼蘭 果勒	hūran gool	蒙古語， 集聚河
103		吹達爾	coi dar	唐古特語， 廣法
104		呼圖克	hūtuk	蒙古語， 福
105		納延	nayan	蒙古語， 八十

順次	滿洲語	漢　字	羅馬拼音	詞　義
106		賽　音	sain	蒙古語， 好
107		扎色茂	jase moo	滿洲語， 邊樹木
108		奇　實 涵 勒	kir sil	蒙古語， 斑點琉璃
109		伊晶濟	iniyeji	蒙古語， 笑
110		奇凌貝	kiling bui	蒙古語， 有怒
111		巴　達連 勒	ba dalda	滿洲語， 遮蔽
112		和　琳門 圖	horin tumen	蒙古語， 二十萬
113		諤　尼爾 巴 雅	ūni bayar	蒙古語， 常久喜

順次	滿洲語	漢字	羅馬拼音	詞義
114		濟蘭 格爾	jiran ger	蒙古語， 六十房屋
115		阿勒哈 瑪奇	alha maki	滿洲語， 花紋纛纓
116		哈喇 穆稜	hara muren	蒙古語， 黑色江
117		伊蘇 呼察	isu hūca	蒙古語， 九未騸 羊
118		阿齊圖 布爾罕	acitu burhan	蒙古語， 有恩佛
119		烏津	ujin	滿洲語， 家生子
120		烏嚕古	urugū	蒙古語， 下
121		齊齊克	cicik	蒙古語， 花

順次	滿洲語	漢　字	羅馬拼音	詞　義
122		錫里袞	sili gun	蒙古語，平矮山深
123		尼嚕袞	nirugūn	蒙古語，梁
124		奇拉爾	kilar	蒙古語，眼斜
125		巴濟拉	bajila	滿洲語，彼岸
126		鄂齊爾巴延	ocir bayan	蒙古語，金剛富
127		達魯	dalu	蒙古語，琵琶骨
128		巴延嚕肯濟	bayan jiruken	蒙古語，富心
129		阿實克翁格圖	asik ūnggetu	蒙古語，有利顏色

順次	滿洲語	漢　字	羅馬拼音	詞　義
130		奇徹圖	kicetu	蒙古語，有勤
131		噶克察摩多	gakca modo	蒙古語，單樹木
132		和諾斯爾	hos noor	蒙古語，雙池
133		袞蘇爾章	gun sur jang	蒙古語，深威 性情
134		錫里濟都呼爾	siliji hūrdu	蒙古語，選拔 急快
135		沁諾爾	cin nor	唐古特語，大財
136		呼魯蘇	hūlusu	蒙古語，蘆葦

順次	滿洲語	漢　字	羅馬拼音	詞　　義
137		伊　嚕 徹　辰	iru cecen	蒙古語，尋常聰明
138		塔舒爾	tašur	蒙古語，鞭
139		雅布哈	yabuha	滿洲語，已行
140		庫　庫	kuku	蒙古語，青色
141		珠　嚕 海　齊	juruhaici	蒙古語，善算人
142		烏魯斯	ulus	蒙古語，國
143		瑪　塔	mata	蒙古語，煨
144		喀爾喀	kalka	蒙古語，蒙古部名
145		鄂爾沁 扎　木	orcin jam	蒙古語，週圍路

順次	滿洲語	漢　字	羅馬拼音	詞　義
146		和囉噶	horoga	蒙古語，院
147		輝罕	hoihan	滿洲語，圍場
148		達爾罕	dargan	蒙古語，免差役
149		鴻和爾	honghor	蒙古語，黃馬
150		雅爾噶	yarg'a	唐古特語，夏
151		伊勒濟庫呼	iljireku	蒙古語，朽爛
152		伊呼埒察	ile hūca	蒙古語，明顯未騸羊
153		達蘭蘇嚕克	dalan suruk	蒙古語，七十馬群

順次	滿洲語	漢　字	羅馬拼音	詞　義
154		敖拉實克	aola sik	蒙古語，山相似
155		阿拉善	alašan	蒙古語，地名
156		烏瑪圖勒	utu mal	蒙古語，圍兩頭牲畜
157		庫楚沁	kucucin	蒙古語，有力
158		庫庫蘇	kukusu	蒙古語，水沫
159		布格呼	bugere	蒙古語，腰子
160		扎哈圖	jahatu	蒙古語，有疆界
161		哈喇巴爾呼圖克	hara bar hūtuk	蒙古語，黑色虎福

順次	滿洲語	漢　字	羅馬拼音	詞　義
162		噜扎音 齊勤	injaga cikin	蒙古語， 黃羊羔耳
163		瑪納齊	manaci	蒙古語， 巡邏人
164		圖沁	tucin	唐古特語， 大力
165		納沁	nacin	蒙古語， 鴉鶻
166		呼蘭 達巴	hūlan daba	蒙古語， 野騾嶺
167		扶餘	fu ioi	蒙古語， 地名
168		楚勒罕	culgan	蒙古語， 閱兵
169		拉林	lalin	蒙古語， 地名
170		根敦 扎卜	gendun jab	唐古特語， 僧保

順次	滿洲語	漢　字	羅馬拼音	詞　義
171		布拉齊嗎	bulagaci	蒙古語，捕貂鼠人
172		阿爾哈達遜	ar hadasun	蒙古語，花紋椿橛
173		阿齊台	acitai	蒙古語，有恩
174		鄂諾	ono	蒙古語，牡黃羊
175		奇嚕	kiru	滿洲語，小旗
176		特穆爾	temur	蒙古語，鐵
177		布色哈喇	buse hara	蒙古語，帶黑色

資料來源：《欽定四庫全書》，「史部」，《欽定元史語解》，
　　　　　卷六。

　　《欽定元史語解》的卷次編列，反映了元朝的區
域特徵。表中所列地理表，格爾濟農，蒙古語讀如
"gerjinung"，意即「房屋名號」，卷六十三作「哥
疾寧」。克布爾，蒙古語讀如"kebur"，意即「地潮

濕」，卷六十三作「可不里」。巴達克山，蒙古語讀如
"badakšan"，新疆地名，卷六十三作「巴達哈傷」。
圖斯，蒙古語讀如 "tus"，意即「迎面」，卷六十三作
「途思」。特爾默，蒙古語讀如 "terme"，意即「褐」，
卷六十三作「忒耳迷」。納克恰卜，唐古特語讀如
"nakkiyab"，意即「樹林普遍」，卷六十三作「那黑沙
不」。塔里堪，蒙古語讀如 "talikan"，回城名，卷六十
三作「的里安」，又作「塔里干」。和爾展，蒙古語讀如
"hoor jan"，意即「毒象」，卷六十三作「忽氈」。瑪爾
噶朗，蒙古語讀如 "margalang"，回地名，卷六十三作「麻
耳亦囊」。和坦，蒙古語讀如 "hotan"，意即「城」，卷
六十三作「忽炭」。巴勒布，蒙古語讀如 "balbu"，西
藏一小部名，卷六十三作「巴補」。額濟格依，蒙古語讀
如 "ejigei"，意即「奶渣」，卷六十三作「訛跡邗」。鄂
持，蒙古語讀如 "oc'y"，回城名，卷六十三作「倭赤」。

　　庫徹，蒙古語讀如 "kuce"，新疆地名，卷六十三
作「苦义」。喀三，蒙古語讀如 "kasan"，卷六十三作
「柯散」，卷一二〇作「可散」。阿特巴什，蒙古語讀如
"atbaši"，回地名，卷六十三作「阿忒八失」。巴爾莽，
回語讀如 "barmang"，意即「不用去」，卷六十三作「八
里茫」。察持，回語讀如 "cac'y"，意即「髮」，卷六
十三作「察赤」。雅根持，回語讀如 "yagenc'y"，意即
「雨水多」，卷六十三作「也云赤」。額爾巴拉，回語讀
如 "erbala"，意即「小兒有力」，卷六十三作「亦剌八
里」。保喇，蒙古語讀如 "boora"，意即「雄駝」，卷六
十三作「普剌」。頁密實，回語讀如 "yemiši"，意即「果

品繁盛處」，卷六十三作「也迷失」。魯克沁，唐古特語讀如 "lukcin"，意即「大禮」，卷六十三作「魯古塵」。色哩，滿洲語讀如 "seri"，意即「稀少」，卷六十三作「子里」。徹迪爾，回語讀如 "cedir"，意即「帳房」，卷六十三作「察帶」。托果沁，蒙古語讀如 "togocin"，意即「司釜人」，卷六十三作「他古新」。昂吉巴爾，蒙古語讀如 "anggi bar"，意即「隊伍虎」，卷六十三作「仰吉八里」。呼達巴哩，蒙古語讀如 "hūda bari"，意即「作親家」，卷六十三作「古塔巴」。展斡爾，回語讀如 "janwar"，意即「安逸」，卷六十三作「彰八里」，係站名，卷一八〇作「昌八里」，係城名。賽哩木，蒙古語讀如 "sairim"，新疆地名，卷六十三作「賽蘭」。巴爾齊勤，蒙古語讀如 "bar cikin"，意即「虎耳」，卷六十三作「巴爾赤邘」。

塔迪，回語讀如 "tadi"，意即「相賴」，卷六十三作「鐔的」。格蘇隆，蒙古語讀如 "gesulung"，意即「水不全凍」，卷六十三作「可咱隆」。實喇斯，蒙古語讀如 "siras"，意即「色黃」，卷六十三作「設刺子」。實喇勒濟，蒙古語讀如 "siralji"，意即「黃蒿」，卷六十三作「泄刺失」。庫法，讀如 "kufa"，卷六十三作「苦法」。阿實達，蒙古語讀如 "asida"，意即「常」，卷六十三作「瓦夕的」。烏楚闢喇，蒙古語讀如 "ucu pira"，回城名，卷六十三作「兀乞八剌」。茂沙里，回語讀如 "mooŝali"，意即「交界」，卷六十三作「毛夕里」。沙爾斡克，梵語讀如 "sarwak"，意即「聲聞」，卷六十三作「設里汪」。羅里，滿洲語讀如 "loli"，意即「樹葉下垂」，卷六十三

作「羅耳」。齊爾瑪薩噶爾，蒙古語讀如 "cirmasagar" ，意即「儘力把捺」，卷六十三作「乞里茫沙杭」。拉巴咱，回語讀如 "labadza" ，意即「妄談」，卷六十三作「蘭巴撒耳」。納干班第，唐古特語讀如 "nag'an bandi" ，意即「年老僧」，卷六十三作「那哈完的」。伊斯帕罕，蒙古語讀如 "ispahan" ，回城名，卷六十三作「亦思法杭」。咱斡，唐古特語讀如 "dzawa" ，意即「根本」，卷六十三作「撒瓦」。喀尚，回語讀如 "kašang" ，意即「遲鈍」，卷六十三作「柯傷」。都蘭，蒙古語讀如 "dulan" ，意即「和煖」，卷六十三作「低簾」。哈巴爾，蒙古語讀如 "habar" ，意即「鼻」，卷六十三作「胡瓦耳」。

實木南，蒙古語讀如 "šimnan" ，回地名，卷六十三作「西模娘」。阿勒穆喇特，蒙古語讀如 "almurat" ，意即「蘋果」，卷六十三作「阿剌模忒」。克濟頁，蒙古語讀如 "kejiye" ，意即「幾時」，卷六十三作「可疾云」。阿穆爾，蒙古語讀如 "amur" ，意即「安」，卷六十三作「阿模里」，卷一四九作「暗木」，係河名。薩里雅克，回語讀如 "saliyak" ，意即「黃油」，卷六十三作「撒里牙」。塔瑪沙，回語讀如 "tamaša" ，意即「繁華」，卷六十三作「塔米設」。安展，蒙古語讀如 "anjan" ，回城名，卷六十三作「贊章」。阿巴哈納爾，蒙古語讀如 "abahanar" ，部落名，卷六十三作「阿八哈耳」。薩里莽，回語讀如 "salimang" ，意即「不用脫衣」，卷六十三作「撒里茫」。烏勒章，蒙古語讀如 "uljang" ，回藥名，卷六十三作「朱里章」。迪斯坦，蒙古語讀如 "distan" ，回城名，卷六十三作「的希思丹」。巴勒塔哈，滿洲語

讀如 "baltaha"，意即「貂鼠下頰」，卷六十三作「巴耳打阿」。都爾本，蒙古語讀如 "durben"，意即「四」，卷六十三作「打耳班」。布木，唐古特語讀如 "bum"，意即「億」，卷六十三作「巴某」。達布遜，蒙古語讀如 "dabusun"，意即「鹽」，卷六十三作「塔八辛」。布斯圖，蒙古語讀如 "bustu"，意即「有布」，卷六十三作「不思忒」。佛頁，滿洲語讀如 "feye"，意即「窩巢」，卷六十三作「法因」。尼沙布爾，蒙古語讀如 "nišabur"，回城名，卷六十三作「乃沙不耳」，卷一二二作「你沙卜里」，係城名。實喇哈達，蒙古語讀如 "sira hada"，意即「黃色山峰」，卷六十三作「撒剌哈歹」。

　　帕爾斡爾迪，回語讀如 "pirwardi"，意即「水淡」，卷六十三作「巴瓦兒的」。瑪凌古，蒙古語讀如 "malinggū"，意即「芝蔴」，卷六十三作「麻里兀」。伯勒赫，滿洲語讀如 "belhe"，意即「預備」，卷六十三作「巴里黑」，係水名。鄂普，蒙古語讀如 "opu"，回地名，卷六十三作「阿浦」，係水名。玉舒，蒙古語讀如 "ioišu"，青海地名，卷六十三作「玉須」，係水名。摩和爾，回語讀如 "mohor"，意即「印」，卷六十三作「昂可剌」，係河名。伊實拉，唐古特語讀如 "isi la"，意即「智慧神」，卷六十三作「亦思剌」。和坦巴哩，蒙古語「和坦」讀如 "hotan"，意即「城」，「巴哩」讀如 "bari"，意即「築」，卷八十五作「忽丹八里」。烏蘭濟蘇，蒙古語讀如 "ulan jisu"，意即「紅色」，卷八十六作「兀里吉思」。達克伊克，唐古特語讀如 "dak ik"，意即「成語」，卷八十七作「底牙」。阿布隆，唐古特語讀如

"a burung"，意即「五野牛」，卷八十七作「阿不籠」。貝成，唐古特語讀如"beiceng"，意即「香珠」，卷八十七作「必呈」。拉木綱，唐古特語讀如"lam g'ang"，意即「路之微高處」，卷八十七作「剌馬兒綱」。本布，蒙古語讀如"bumbu"，意即「道士」，卷八十七作「奔不」。哈喇台，蒙古語讀如"haratai"，意即「黑心人」，卷八十七作「答剌答」，卷一一八作「哈剌答」，卷一三八作「哈剌塔」，係山名，又係地名。哈喇，蒙古語讀如"hara"，意即「黑色」，卷八十七作「哈裏」，卷一三五作「哈剌」，係河名。昂吉爾，蒙古語讀如"anggir"，意即「黃野鴨」，卷八十七作「瓮吉剌」。

茂穆蘇，蒙古語讀如"moo mūsu"，意即「不善冰」，卷八十七作「滅吉思」。伊實瑪爾甘，唐古特語讀如"isi marg'an"，意即「智慧老婦人」，卷八十七作「亦思馬兒甘」。古嚕蘇，蒙古語讀如"gurusu"，意即「獸」，卷八十七作「古魯孫」。達哩，蒙古語讀如"dari"，意即「大藥」，卷八十七作「擔裏」，卷一一八作「答兒」，係海子名。實魯蘇，蒙古語讀如"silusu"，意即「猞猁猻」，卷八十七作「沙魯思」。恰爾巴，唐古特語讀如"kiyarba"，意即「雨」，卷八十七作「搽里八」。蘇爾瑪節斡，唐古特語讀如"surma jiyewa"，意即「舊常住」，卷八十七作「速兒麻加瓦」。薩喇，蒙古語讀如"sara"，意即「月」，卷八十七作「撒剌」。托音溫都爾，蒙古語讀如"toin ūndur"，意即「高僧」，卷八十八作「朶因溫都兒」。阿克坦斯，蒙古語讀如"aktas"，意即「騸馬群」，卷九十作「阿塔思」。都沁哈喇伊陶，蒙古語「都沁」

讀如 "ducin"，意即「四十」，「哈喇」讀如 "hara"，
意即「黑色」，「伊陶」讀如 "itao"，意即「半翅」，
卷九十一作「帖城河里洋脫」。班布爾實，蒙古語讀如
"bambursi"，意即「一歲熊」，卷九十一作「倴不思」。
索鈕，滿洲語讀如 "sonio"，意即「單」，卷九十一作
「唆尼」。奎騰阿哈，蒙古語讀如 "kuitan aha"，意即「冷
兄」，卷九十二作「闊端阿哈」。費里沙，讀如 "filiša"，
卷九十四作「匪力沙」，係產玉所。

　　阿雅勒古，蒙古語讀如 "ayalgū"，意即「聲音」，
卷九十四作「阿爺苦」，係江名。呼蘭果勒，蒙古語讀
如 "hūran gool"，意即「集聚河」，卷九十四作「忽呂
古」，係江名。吹達爾，唐古特語讀如 "coi dar"，意即
「廣法」，卷九十四作「曲朵剌」，係河名。呼圖克，蒙古
語讀如 "hūtuk"，意即「福」，卷九十四作「渾都忽」，
係河名。納延，蒙古語讀如 "nayan"，意即「八十」，
卷九十四作「乃延」。賽音，蒙古語讀如 "sain"，意即
「好」，卷九十四作「薩央」，係山名。扎色茂，滿洲語
讀如 "jase moo"，意即「邊樹木」，卷九十四作「吉思
迷」。奇爾實勒，蒙古語讀如 "kir sil"，意即「斑點琉
璃」，卷九十四作「乞石兒」，係產鹽地。伊聶濟，蒙古語
讀如 "iniyeji"，意即「笑」，卷九十六作「曳捏即」。奇
凌貝，蒙古語讀如 "kiling bui"，意即「有怒」，卷九十八
作「乞烈賓」。巴達勒達，滿洲語讀如 "ba dalda"，意即
「地方遮蔽」，卷九十八作「白達達」。和琳圖們，蒙古語
讀如 "horin tumen"，意即「二十萬」，卷一〇〇作「火里
托麻」。諤尼巴雅爾，蒙古語讀如 "ūni bayar"，意即「常

久喜」，卷一〇〇作「玉原伯牙」。濟蘭格爾，蒙古語讀如
"jiran ger"，意即「六十房屋」，卷一〇〇作「折連怯呆
兒」。阿勒哈瑪奇，滿洲語讀如 "alha maki"，意即「花紋
羈纓」，卷一〇〇作「阿剌忽馬吉」。

　　哈喇穆稜，蒙古語讀如 "hara muren"，意即「黑色
江」，卷一〇〇作「哈剌木連」。伊蘇呼察，蒙古語讀如
"isu hūca"，意即「九未騸羊」，卷一〇〇作「亦思渾
察」。阿齊圖布爾罕，蒙古語讀如 "acitu burhan"，意即
「有恩佛」，卷一〇〇作「阿察脫不罕」。烏津，滿洲語讀
如 "ujin"，意即「家生子」，卷一〇〇作「斡斤」。烏嚕
古，蒙古語讀如 "urugū"，意即「下」，卷一〇〇作「兀
魯兀」。齊齊克，蒙古語讀如 "cicik"，意即「花」，卷一
〇〇作「徹徹」。錫里袞，蒙古語讀如 "sili gun"，意即
「平矮山深」，卷一〇〇作「薛里溫」。尼嚕袞，蒙古語讀
如 "nirugūn"，意即「梁」，卷一〇〇作「你里溫」。奇拉
爾，蒙古語讀如 "kilar"，意即「眼斜」，卷一〇〇作「乞
剌里」。巴濟拉，滿洲語讀如 "bajila"，意即「彼岸」，
卷一〇〇作「伯只剌」，卷一二七作「白只剌」。鄂齊爾
巴延，蒙古語讀如 "ocir bayan"，意即「金剛富」，卷一
〇〇作「阿察兒伯顏」。達魯，蒙古語讀如 "dalu"，意即
「琵琶骨」，卷一〇〇作「塔魯」。巴延濟嚕肯，蒙古語讀
如 "bayan jiruken"，意即「富心」，卷一〇〇作「伯顏只
魯干」。阿實克翁格圖，蒙古語讀如 "asik ūnggetu"，意
即「有利顏色」，卷一〇〇作「阿失溫忽都」。奇徹圖，
蒙古語讀如 "kicetu"，意即「有勤」，卷一〇〇作「希徹
禿」。噶克察摩多，蒙古語讀如 "gakca modo"，意即「單

樹木」，卷一○○作「哈察木敦」。和斯諾爾，蒙古語讀如
"hos noor"，意即「雙池」，卷一○○作「火石腦兒」。

　　衮蘇爾章，蒙古語讀如 "gun sur jang"，意即「深威
性情」，卷一○○作「換撒里真」。錫里濟呼爾都，蒙古
語讀如 "siliji hūrdu"，意即「選拔急快」，卷一○○作
「須知忽都」。沁諾爾，唐古特語讀如 "cin nor"，意即
「大財」，卷一○○作「軍腦兒」。呼魯蘇，蒙古語讀如
"hūlusu"，意即「蘆葦」，卷一○○作「火羅思」，又
作「忽林失」。伊嚕徹辰，蒙古語讀如 "iru cecen"，意
即「尋常聰明」，卷一○○作「玉龍革占徹」。塔舒爾，
蒙古語讀如 "tašur"，意即「鞭」，卷一○○作「棠樹
兒」。雅布哈，滿洲語讀如 "yabuha"，意即「已行」，
卷一○○作「牙不罕」。庫庫，蒙古語讀如 "kuku"，
意即「青色」，卷一○○作「闊苦」。珠嚕海齊，蒙古
語讀如 "juruhaici"，意即「善算人」，卷一○○作「拙
里牙赤」。烏魯斯，蒙古語讀如 "ulus"，意即「國」，
卷一○○作「斡羅孫」。瑪塔，蒙古語讀如 "mata"，意
即「煨」，卷一○○作「馬塔」。喀爾喀，蒙古語讀如
"kalka"，蒙古部名，卷一○○作「哈兒哈」。鄂爾沁
扎木，蒙古語讀如 "orcin jam"，意即「週圍路」，卷一
○○作「斡川札馬」。和囉噶，蒙古語讀如 "horoga"，
意即「院」，卷一○○作「火羅罕」。輝罕，滿洲語讀
如 "hoihan"，意即「圍場」，卷一○○作「火義罕」。
達爾罕，蒙古語讀如 "dargan"，意即「凡有勤勞免其
差役」，卷一○○作「塔兒罕」。鴻和爾，蒙古語讀如
"honghor"，意即「黃馬」，卷一○○作「黃兀兒」。

雅爾噶，唐古特語讀如"yarg'a"，意即「夏」，卷一○○作「應里哥」。伊勒濟呼庫，蒙古語讀如"iljireku"，意即「朽爛」，卷一○○作「應吉列古」。伊埒呼察，蒙古語讀如"ile hūca"，意即「明顯未騸羊」，卷一○○作「亦兒渾察」。達蘭蘇嚕克，蒙古語讀如"dalan suruk"，意即「七十馬群」，卷一○○作「答蘭速魯」。敖拉實克，蒙古語讀如"aola sik"，意即「山相似」。卷一○○作「阿剌沙」。阿拉善，蒙古語讀如"alašan"，扎薩克地名，卷一○○作「阿蘭山」。烏圖瑪勒，蒙古語讀如"utu mal"，意即「圍兩頭牲畜」，卷一○○作「兀都蠻」。庫楚沁，蒙古語讀如"kucucin"，意即「有力」，卷一○○作「寬徹干」。庫庫蘇，蒙古語讀如"kukusu"，意即「水沫」，卷一○○作「闊闊思」。布格呼，蒙古語讀如"bugre"，意即「腰子」，卷一○○作「撥可連」。扎哈圖，蒙古語讀如"jahatu"，意即「有疆界」，卷一○○作「只哈禿」。哈喇巴爾呼圖克，蒙古語讀如"hara bar hūtuk"，意即「黑色虎福」，卷一○○作「哈剌班忽都」。音扎噶齊勤，蒙古語讀如"injaga cikin"，意即「黃羊羔耳」，卷一○○作「燕只哥赤斤」。瑪納齊，蒙古語讀如"manaci"，意即「巡邏人」，卷一○○作「滅捏怯」。圖沁，唐古特語讀如"tucin"，意即「大力」，卷一○○作「土赤」。納沁，蒙古語讀如"nacin"，意即「鴉鶻」，卷一○○作「納赤」。

呼蘭達巴，蒙古語讀如"hūlan daba"，意即「野騾嶺」，卷一○○作「忽蘭若班」。扶餘，蒙古語讀如"fu ioi"，扶餘國故地，卷一○○作「浦山谷」。楚勒罕，蒙古語讀如"culgan"，意即「閱兵」，卷一○○作「茶剌

罕」。拉林，蒙古語讀如 "lalin"，吉林地名，卷一〇〇作
「剌憐」。根敦扎卜，唐古特語讀如 "gendun jab"，意即
「僧保」，卷一〇〇作「忻都察」。布拉噶齊，蒙古語讀
如 "bulgaci"，意即「捕貂鼠人」，卷一〇〇作「不魯古
赤」。阿爾哈達遜，蒙古語讀如 "ar hadasun"，意即「花
紋樁橛」，卷一一五作「阿剌合的思」。阿齊台，蒙古語
讀如 "acitai"，意即「有恩」，卷一一七作「按只台」。
鄂諾，蒙古語讀如 "ono"，意即「牡黃羊」，卷一一七作
「斡難」。奇嚕，滿洲語讀如 "kiru"，意即「小旗」，
卷一一七作「怯魯」。特穆爾，蒙古語讀如 "temur"，意
即「鐵」，卷一一七作「帖木兒」。布色哈喇，蒙古語讀
如 "buse hara"，意即「帶黑色」，卷一一七作「不思哈
剌」。

　　表中所列地理，包含地名、城名、站名、河名、水
名、山名、海子名、江名、產鹽地、嶺名等。其中巴達克
山（badakšan）、賽里木（sairim）、庫徹（kuce）等，
是新疆地名。塔里堪（talikan）、鄂持（oc'y）、喀三
（kasan）、烏楚闢喇（ucu pira）、伊斯帕罕（ispahan）、
安展（anjan）、迪斯坦（dista）、尼沙布爾（nišabur）等，
是回城名。瑪爾噶朗（margalang）、阿特巴什（atbaši）、
實木南（šimnan）、鄂普（opu）等，是回地名。阿巴哈納
爾（abahanar）是部落名，巴勒布（balbu）是西藏部名，玉
舒（ioišu）是青海地名，喀爾喀（kalka）是蒙古地名，阿
拉善（alašan）是扎薩克地名。阿穆爾（amur），意即「平
安」，阿穆爾河，就是平安的河。拉木綱（lam g'ang），意
即「路之微高處」。巴達勒達（ba dalda），意即「地方遮

蔽」。錫里（sili），意即「平矮山」。呼魯蘇（hūlusu），意即「蘆葦」。輝罕（hoihan），意即「圍場」，實魯蘇（silusu），意即「猞猁猻」，布拉噶齊（bulgaci），意即「捕貂鼠人」。

　　以數目為地名，是常見的現象。表中都爾本（durben），意即「四」。伊蘇呼察（isu hūca），意即「九隻未騸羊」。和琳（horin），意即「二十」。濟蘭格爾（jiran ger），意即「六十間房屋」。達蘭蘇嚕克（dalan suruk），意即「七十群馬群」。納延（nayan），意即「八十」。圖們（tumen），意即「萬」。布木（bum），意即「億」。以數目為地名，凸顯地理特徵。克布爾（kebur），意即「地潮濕」，雅根持（yegenc'y），意即「雨水多」，其地理特徵，則顯而易見。納沁（nacin），意即「鴉鶻」，昂吉爾（anggir），意即「黃野鴨」，阿克塔斯（aktas），意即「騸馬群」，班布爾實（bambursi），意即「一歲熊」，保喇（boora），意即「雄駝」，以鳥獸為名，有助於了解其生態環境。

塔里堪
回城名卷六十三作的
里安又作塔里干併改

ᠵᠠᠷᠠᠨ
ᠠᠨ
卷六十二作迸

和爾展
和爾蒂也展象也
卷六十三作忽遜

ᠴᠢᠷᠠᠨ
ᠴᠢᠷᠠᠨ
阿噶州
阿郡

瑪爾噶朗
回地名卷六十
三作麻耳亦襄

ᠵᠠᠨ
邪阿塔安
和阿

和坦
城也卷六十
三作忽炭

ᠪᠠᠯᠠ
ᠪᠠᠯᠠ
阿補
巴勒
烏

欽定四庫全書

欽定元史語解卷七

地理

巴噶罕　俊小也卷一百首作阿海韓

　　　　　　第一須涌山也卷一百

森賽音蘇密爾　　　　　　失木魯

七、《欽定元史語解》地理（四）

　　元朝輿地，遠邁漢唐。「地理志」記載，元朝輿地，以路統府，以府統州縣，在東南者，大率皆漢字舊稱，而西北所轄之地，多從蒙古語按卷帙編次，其稱地者不複注地名字樣，而城郭、驛站、山林、川澤等則各分注於下。至於雲南、四川少數民族所屬，原非蒙古語者，概不錄入。語解地理，含河名、泉名、關隘名、山名、隘名、澤名、川名、地名、寨名、城名、縣名、棧名、驛名、站名、府名、路名、水名等，對研究元朝地理特徵，俱提供不可忽視的資料。

《欽定元史語解》地理（四）滿漢對照表

順次	滿洲語	漢　字	羅馬拼音	詞　義
1		巴噶罕	bagahan	蒙古語，微小
2		莽賚音蘇密爾	manglai yen sumir	蒙古語，第一須彌山
3		伯克圖爾	berketu	蒙古語，險處

順次	滿洲語	漢　字	羅馬拼音	詞　義
4		摩該圖	mogaitu	蒙古語，有蛇
5		托里拉	tolila	蒙古語，照鏡
6		格呼勒	gerel	蒙古語，光
7		納穆爾	namur	蒙古語，秋
8		庫呼勒	kurel	蒙古語，生銅
9		溫都爾肯	ūndurken	蒙古語，微高
10		德呼爾穆	dere mur	蒙古語，上踪跡
11		額爾古訥	erguna	蒙古語，遞
12		特格黙爾	teme ger	蒙古語，駝房屋

順次	滿洲語	漢　字	羅馬拼音	詞　義
13		克穆爾	ke mur	蒙古語，華麗踪跡
14		塔拉諾爾	tala noor	蒙古語，曠野池
15		松吉納圖	sungginatu	蒙古語，有蔥之處
16		穆爾蘇陶海	mūrsu toohai	蒙古語，脆骨帶飾
17		沃稜	weren	滿洲語，波瀾
18		溫都爾華爾	ūndur hūwa	蒙古語，高無樹之山坡

順次	滿洲語	漢　字	羅馬拼音	詞　義
19		婁噶老	luo galao	蒙古語，龍鵝
20		呼庫勒爾	hūlkur	
21		和齊諾斡爾	hoor cinowa	蒙古語，毒狼
22		安圖	antu	滿洲語，山陽
23		卓沁	jocin	蒙古語，客
24		青和實袞	cing hosigūn	蒙古語，誠山岡盡處
25		德古爾	degur	蒙古語，浮面
26		烏拉	ula	蒙古語，驛站馬匹

順次	滿洲語	漢　字	羅馬拼音	詞　義
27		阿勒坦 和囉海	altan horohai	蒙古語， 金蟲
28		巴雅斯	bayas	蒙古語， 喜
29		博囉	boro	蒙古語， 青色
30		阿察爾圖	arcatu	蒙古語， 有松柏枝
31		溫綽	onco	滿洲語， 寬
32		和格濟爾	hojiger	蒙古語， 頭禿
33		阿達哈 賽音哈	adaha sain saha	滿洲語， 副好 小圍

順次	滿洲語	漢　字	羅馬拼音	詞　義
34		班　沁	bancin	唐古特語，大智慧
35		實　默溫　都　爾	sime ūndur	蒙古語，津液高
36		實　喇雅　圖　噶	sira yatuga	蒙古語，黃色箏
37		伊　蘇摩　哩	isu mori	蒙古語，九馬
38		扎　哈	jaha	蒙古語，疆界
39		古　則鄂　爾多	gudze ordo	蒙古語，古部名
40		博　斯哈	bosha	蒙古語，建造

順次	滿洲語	漢　字	羅馬拼音	詞　義
41		葉爾羌	yerkiyang	蒙古語， 新疆地名
42		卓勒 新濟齊	jol sinjici	蒙古語， 彩頭 相面人
43		阿爾噶	arga	蒙古語， 計
44		圖滿	tuman	回語， 霧
45		汗顏	hanyan	
46		德沁	decin	唐古特語， 大安
47		奇爾台 實喇	kirtai sira	蒙古語， 有斑點 黃色
48		烏蘇	usu	蒙古語， 水
49		赫林	heliyen	滿洲語， 碓

順次	滿洲語	漢　字	羅馬拼音	詞　義
50		塔　勒	tal	唐古特語，灰
51		伯　資 巴　里	bedzibali	回語，鯖魚
52		阿魯斯 布魯斯	alus bulus	蒙古語，疎密相間
53		伊　伯 格　勒	ibegel	蒙古語，保佑
54		伊勒吉 哈　雅	ilgi haya	蒙古語，去毛皮 山牆
55		庫楚坦	kucutan	蒙古語，有力
56		布　勒 噶　爾	bulgar	蒙古語，香牛皮
57		布　咱	budza	回語，甜酒

順次	滿洲語	漢　字	羅馬拼音	詞　義
58		阿勒錦	algin	滿洲語，名譽
59		托里實克	toli sik	蒙古語，鏡相似
60		哈扎爾	hajar	蒙古語，轡
61		塔納	tana	蒙古語，東珠
62		瑪察克	macak	蒙古語，吃齋
63		達實	dasi	唐古特語，吉祥
64		哈喇沁	haracin	蒙古語，瞭望人
65		索隆噶	solongga	蒙古語，虹
66		伯哩伯哩特	beri berit	蒙古語，眾婦另居

順次	滿洲語	漢　字	羅馬拼音	詞　義
67		呼圖哩哈達	hūturi hada	滿洲語，福山峰
68		阿珠	aju	蒙古語，住
69		鄂端哈錫哈	odon hasiha	蒙古語，星勇
70		實竒	šiki	梵語，頂髻
71		烏蘇木竒	usumki	回語，散落住處
72		德濟鄂爾多	deji ordo	蒙古語，上分亭
73		阿爾台	artai	蒙古語，有花紋

順次	滿洲語	漢　字	羅馬拼音	詞　義
74		伊拉袞	ilagūn	蒙古語，勝
75		哈喇 哈扎爾	hara hajar	蒙古語，黑色彎
76		巴鄂爾	ba or	唐古特語，勇
77		巴克實	baksi	蒙古語，師
78		納古爾 和斯	nagūr hos	蒙古語，池雙
79		哈喇茂	hara moo	蒙古語，黑色不善
80		阿努	anu	梵語，無上
81		卓巴勒	jobal	蒙古語，勞

順次	滿洲語	漢 字	羅馬拼音	詞 義
82		蘇爾圖	surtu	蒙古語， 有威
83		濟蘭台	jirantai	蒙古語， 有六十
84		鄂勒歡	olhon	滿洲語， 乾
85		額森 呼圖克	esen hūtuk	蒙古語， 平安 福
86		巴奇爾	bakir	蒙古語， 河身
87		哲琳	jerin	滿洲語， 邊沿
88		伊埒 巴爾	ile bar	蒙古語， 明顯虎
89		斡琿	wahūn	滿洲語， 臭
90		博恰	bokiya	蒙古語， 笨

順次	滿洲語	漢　字	羅馬拼音	詞　義
91		烏爾呼	urhu	滿洲語，偏
92		罕達該	handagai	蒙古語，麋
93		伊嚕哈斯	iru has	蒙古語，尋常玉
94		巴林	barin	蒙古語，扎薩克地名
95		達嚕噶	daruga	蒙古語，頭目
96		和噶囉圖	horogatu	蒙古語，有院
97		庫克	kuke	蒙古語，青色
98		特濟根	tejigen	
99		齊納實克	cinaksi	蒙古語，那邊

順次	滿洲語	漢　字	羅馬拼音	詞　義
100		袞穆蘇	gun mūsu	蒙古語，深冰
101		伊格默　特庫色	itegeku mese	蒙古語，依靠器械
102		齊默根	cimegen	蒙古語，聲音
103		齋　爾	jair	蒙古語，新疆地名
104		穆　爾　布延　布拉克	mur buyan bulak	蒙古語，踪跡福泉
105		烏訥爾	uner	蒙古語，誠

順次	滿洲語	漢　字	羅馬拼音	詞　義
106		錫爾哈溫徹亨	sirga uncehen	滿洲語，銀合色馬尾
107		扎拉台	jalatai	蒙古語，有帽纓
108		和爾阿喇勒	hoor aral	蒙古語，毒水中島
109		扎爾瑪圖	jarmatu	蒙古語，有小魚
110		孟克	mūngke	蒙古語，經常之經
111		特默哈必爾噶	teme habirga	蒙古語，駝肋
112		明安鄂倫	minggan olon	滿洲語，千肚帶

順次	滿洲語	漢　字	羅馬拼音	詞　義
113		呼　蘭 伊　爾	hūran ir	蒙古語， 集聚鋒刃
114		特爾勤	terkin	滿洲語， 臺堦
115		巴　朗	barang	蒙古語， 遺矢小兒
116		納古爾	nagūr	蒙古語， 池
117		浩　里	haoli	蒙古語， 例
118		沁	cin	唐古特語， 大
119		蘇　瑪 勒　圖	sumaltu	蒙古語， 有小囊
120		雅　里	yali	滿洲語， 肉
121		額哩頁	eriye	蒙古語， 花紋

順次	滿洲語	漢　字	羅馬拼音	詞　義
122		伊拉袞 綽和爾	ilagūn cohor	蒙古語， 勝豹花馬
123		伊綿	imiyan	滿洲語， 集聚
124		布爾古特 巴爾達噶	burgut bardaga	蒙古語， 鵰儘足
125		實勒們	silmen	滿洲語， 鷂
126		茂諾海	moo nohai	蒙古語， 惡劣犬
127		奇凌	kiling	蒙古語， 怒氣

順次	滿洲語	漢　字	羅馬拼音	詞　義
128		伊伯格勒 實巴爾	ibegel sibar	蒙古語， 保佑泥
129		實喇 烏蘇	sira usu	蒙古語， 桃花水
130		塔喇塔岱	tataradai	蒙古語， 有潮消
131		穆爾格蘇	mūgersu	蒙古語， 脆骨
132		實喇 婁	sira luo	蒙古語， 黃龍
133		達達勒岱	daldadai	蒙古語， 有隱僻處

順次	滿洲語	漢　字	羅馬拼音	詞　義
134		布 琳 塔爾哈納	burin tarhana	蒙古語， 全使散
135		克 爾叟	kerseo	蒙古語， 滑透人
136		布爾噶	burga	滿洲語， 叢柳
137		博勒卓	boljo	滿洲語， 約
138		實保圖	sibaotu	蒙古語， 有禽鳥
139		哈 喇 和 琳	hara horin	蒙古語， 黑色二十
140		古 魯	gulu	滿洲語， 素
141		佛 哩	fori	滿洲語， 捶擊

順次	滿洲語	漢　字	羅馬拼音	詞　義
142		布爾罕 呼爾敦	burhan hūrdun	蒙古語， 佛急快
143		扎哈 尼嚕古	jaha nirugū	蒙古語， 疆界山梁
144		蘇布特齊	subutci	蒙古語， 帶珍珠人
145		齊齊克 齊拉袞	cicik cilagūn	蒙古語， 花石
146		巴實里 伯里實 哈實	baši beli haši	回語， 頭腰 玉

順次	滿洲語	漢　字	羅馬拼音	詞　義
147		昂吉 實保齊	anggi sibaoci	蒙古語， 隊伍 養禽鳥人
148		圖嚕 古實	turu guši	蒙古語， 頭目繙經人
149		托博	tobo	蒙古語， 高阜
150		呼蘭 烏遜	hūran usun	蒙古語， 集聚 水
151		博囉 塔拉	boro tala	蒙古語， 新疆地名
152		實喇 塔拉 默色	sira tala mese	蒙古語， 黃色曠野 器械

順次	滿洲語	漢　字	羅馬拼音	詞　義
153		阿爾婁	ar luo	蒙古語，花紋龍
154		翁果察	onggoca	蒙古語，船
155		徹伯爾	ceber	蒙古語，潔淨
156		塔勒謙	talkiyan	滿洲語，電
157		楚徹特穆爾	cuce temur	蒙古語，鑿鐵
158		薩克蘇	saksu	蒙古語，簍
159		伯頁	beye	蒙古語，身
160		布吉朗爾	bulanggir	蒙古語，濁

順次	滿洲語	漢　字	羅馬拼音	詞　義
161		德濟 諾爾	deji noor	蒙古語， 上分池
162		阿勒坦 巴圖罕 圖	altan batuhan	蒙古語， 金 微結實
163		阿楚勒爾	alcur	蒙古語， 手巾
164		綽滿	coman	滿洲語， 大酒盃
165		鄂爾多	ordo	蒙古語， 亭
166		丕實南	pišinan	回語，餅 餌之熟者
167		呼展	hūjan	蒙古語， 回城名
168		瑪勒	mal	蒙古語， 牲畜

順次	滿洲語	漢　字	羅馬拼音	詞　義
169		庫色勒 伯頁	kusel beye	蒙古語， 欲身
170		奇塔卜	kitab	回語， 書
171		阿勒鼎	aldin	蒙古語， 回城名
172		達巴	daba	蒙古語， 嶺
173		密實勒	mišil	蒙古語， 回草名
174		實喇斯	siras	蒙古語， 黃色
175		布圖	butu	滿洲語， 幽隱
176		烏林	ulin	滿洲語， 財
177		奇勒揚	kilyang	回語， 礦石
178		布敦	budun	蒙古語， 粗

順次	滿洲語	漢　字	羅馬拼音	詞　義
179		哈達圖	hadatu	蒙古語，有山峰
180		松鄂圖	songgotu	滿洲語，好啼小兒
181		經實	gingsi	滿洲語，呻吟
182		伊瑪	ima	蒙古語，山羊
183		圖埒	tule	滿洲語，外
184		薩里嚕圖	sali turu	蒙古語，地弩頭目
185		扎穆爾圖	jamurtu	蒙古語，有茨藨果
186		瑪古布拉克	magū bulak	蒙古語，不善泉

順次	滿洲語	漢　字	羅馬拼音	詞　義
187		烏　珠	uju	滿洲語，頭
188		塔瑪噶	tamaga	蒙古語，印
189		蒙果勒 徹　爾	monggol cer	蒙古語，蒙古潔淨
190		果　勒	gool	蒙古語，河
191		察楚克	cacuk	蒙古語，穗
192		吹巴爾	coi bar	唐古特語，廣法
193		揚　羅	yanglo	唐古特語，寬智慧
194		齊拉袞	cilagūn	蒙古語，石

順次	滿洲語	漢　字	羅馬拼音	詞　義
195		哈納 和實袞	hana hosigūn	蒙古語， 氈廬牆 山岡盡處
196		奇瑪爾勒	kir mal	蒙古語， 斑點牲畜
197		哈喇琳 和琳 和鴻爾	hara horin honghor	蒙古語， 黑色 二十 黃馬
198		烏蘇	usu	蒙古語， 水
199		伊圖	itu	滿洲語， 半翅
200		阿納爾圖	anartu	蒙古語， 有石榴
201		珠嚕海	juruhai	蒙古語， 算法

順次	滿洲語	漢　字	羅馬拼音	詞　義
202		巴　爾 布拉克	bar bulak	蒙古語， 虎泉
203		薩　哈	saha	滿洲語， 小圍
204		瑪納斯	manas	蒙古語， 巡邏
205		呼濟爾	hūjir	蒙古語， 鹻
206		葉美里	yemeili	蒙古語， 回地名
207		巴　爾 薩　里	bar sali	蒙古語， 虎地弩
208		哈招沙	hajao ša	蒙古語， 旁邊山 後樹林
209		布　拉	bula	滿洲語， 荊棘
210		扎　拉	jala	蒙古語， 帽纓

順次	滿洲語	漢　字	羅馬拼音	詞　義
211		伊斯康	iisk'ang	蒙古語，回地名
212		和巴木實	hombaši	回語，河源有沙
213		阿巴提實	atibaši	蒙古語，回地名
214		庫克新	kuksin	蒙古語，老
215		齊格訥台	cinegetai	蒙古語，有能幹
216		索噶隆台	solonggatai	蒙古語，有虹
217		托果斯瑪塔	togos tama	蒙古語，孔雀行圍收合

順次	滿洲語	漢　字	羅馬拼音	詞　義
218		茂薩里	moo sali	蒙古語，不善地弩

資料來源：《欽定四庫全書》，「史部」，《欽定元史語解》，
　　卷七。

　　表中地理巴噶罕，蒙古語讀如"bagahan"，意即「微小」，卷一一八作「不海韓」。莽賚音蘇密爾，蒙古語讀如"manglai yen sumir"，意即「第一須彌山」，卷一一八作「莽來由失木魯」。伯爾克圖，蒙古語讀如"berketu"，意即「險處」，卷一一八作「孛羅克禿」。摩該圖，蒙古語讀如"mogaitu"，意即「有蛇」，卷一一八作「末懷禿」。托里拉，蒙古語讀如"tolila"，意即「照鏡」，卷一一八作「拓剌里」。格呼勒，蒙古語讀如"gerel"，意即「光」，卷一一八作「龜剌兒」，卷一三一作「貴列兒」，卷一三五作「魁烈兒」，係河名，又係地名。納穆爾，蒙古語讀如"namur"，意即「秋」，卷一一八作「惱木連」。庫呼勒，蒙古語讀如"kurel"，意即「生銅」，卷一一八作「苦烈兒」。溫都爾肯，蒙古語讀如"ūndurken"，意即「微高」，卷一一八作「溫都兒斤」。德呼穆爾，蒙古語讀如"dere mur"，意即「上踪跡」，卷一一八作「迭烈木兒」。額爾古納，蒙古語讀如"erguna"，意即「遞」，卷一一八作「也里古納」。特默格爾，蒙古語讀如"teme ger"，意即「駞房屋」，卷一一八作「迭蔑可兒」。

　　克穆爾，蒙古語讀如"ke mur"，意即「華麗踪跡」，

卷一一八作「可木兒」。塔拉諾爾，蒙古語讀如 "tala noor"，意即「曠野池」，卷一一八作「答兒腦兒」。松吉納圖，蒙古語讀如 "sungginatu"，意即「有蔥之處」，卷一一八作「蒜吉納禿」，係山名。穆爾蘇陶海，蒙古語讀如 "mūrsu toohai"，意即「脆骨帶飾」，卷一一八作「木兒速拓哈」，係海名。沃稜，滿洲語讀如 "weren"，意即「波瀾」，卷一一八作「斡連」。溫都爾華，蒙古語讀如 "ūndur hūwa"，意即「高無樹之山坡」，卷一一八作「溫都哈」。婁噶老，蒙古語讀如 "luo galao"，意即「龍鵝」，卷一一八作「老哥魯」。呼勒庫爾，讀如 "hūlkur"，卷一一八作「胡盧忽兒」。安圖，滿洲語讀如 "antu"，意即「山陽」，卷一一八作「碗圖」，係河名。卓沁，蒙古語讀如 "jocin"，意即「客」，卷一一八作「拙赤」，係河名。青和實袞，蒙古語讀如 "cing hosigūn"，意即「誠山岡盡處」，卷一一八作「程火失溫」。德古爾，蒙古語讀如 "degur"，意即「浮面」，卷一一八作「塔兀」，係河名。烏拉，蒙古語讀如 "ula"，意即「驛站馬匹」，卷一一八作「兀剌」，係河名。阿勒坦和囉海，蒙古語讀如 "altan horohai"，意即「金蟲」，卷一一八作「按檀火爾歡」。巴雅斯，蒙古語讀如 "bayas"，意即「喜」，卷一一八作「伯牙思」。博囉，蒙古語讀如 "boro"，意即「青色」，卷一一八作「博羅」。

阿爾察圖，蒙古語讀如 "arcatu"，意即「有松柏枝」，卷一一九作「阿兒茶禿」。溫綽，滿洲語讀如 "onco"，意即「寬」，卷一一九作「斡拙」。和濟格爾，蒙古語讀如 "hojiger"，意即「頭禿」，卷一一九作「火赤

兀里」。阿達哈賽音薩哈，滿洲語讀如"adaha sain saha"，意即「副好小圍」，卷一一九作「阿答罕三撒海」。班沁，唐古特語讀如"bancin"，意即「大智慧」，卷一二○作「班真」。實默溫都爾，蒙古語讀如"sime ūndur"，意即「津液高」，卷一二○作「石木溫都」，又作「失木禿」。實喇雅圖噶，蒙古語讀如"sira yatuga"，意即「黃色箏」，卷一二○作「失烈延塔兀」。伊蘇摩哩，蒙古語讀如"isu mori"，意即「九馬」，卷一二○作「野孫漠連」。扎哈，蒙古語讀如"jaha"，意即「疆界」，卷一二○作「鎮海」，係城名。古則鄂爾多，蒙古語讀如"gudze ordo"，古部名，卷一二○作「谷則斡兒朵」，係西域地名。博斯哈，蒙古語讀如"bosha"，意即「建造」，卷一二○作「八思哈」，係城名。葉爾羌，蒙古語讀如"yerkiyang"，新疆地名，卷一二○作「押兒牽」，卷一八○作「也里虔」，係城名。卓勒新濟齊，蒙古語讀如"jol sinjici"，意即「彩頭相面人」，卷一二○作「月亦心揭赤」。阿爾噶，蒙古語讀如"arga"，意即「計」，卷一二○作「阿剌黑」，係城名。圖滿，回語讀如"tuman"，意即「霧」，卷一二○作「禿馬溫」，係山名。

汗顏，讀如"hanyan"，卷一二○作「憨顏」，係城名。德沁，唐古特語讀如"decin"，意即「大安」，卷一二○作「德痕」，係城名。奇爾台實喇，蒙古語讀如"kirtai sira"，意即「有斑點黃色」，卷一二○作「曲兒忒失兒」。烏蘇，蒙古語讀如"usu"，意即「水」，卷一二○作「灣沙」。赫林，滿洲語讀如"heliyen"，意即「碓」，卷一二○作「黑林」，係城名。塔勒，唐古特語讀如

"tal"，意即「灰」，卷一二〇作「鐵兒」，係山名。伯資巴里，回語讀如 "bedzibali"，意即「鯖魚」，卷一二〇作「孛子八里」。阿魯斯布魯斯，蒙古語讀如 "alus bulus"，意即「疎密相間」，卷一二〇作「阿剌思不剌思」。伊伯格勒，蒙古語讀如 "ibegel"，意即「保佑」，卷一二〇作「亦八里」。伊勒吉哈雅，蒙古語讀如 "ilgi haya"，意即「去毛皮山牆」，卷一二〇作「也吉里海牙」。庫楚坦，蒙古語讀如 "kucutan"，意即「有力」，卷一二一作「闊赤檀」，係山名。布勒噶爾，蒙古語讀如 "bulgar"，意即「香牛皮」，卷一二一作「必里罕」，係城名。布咱，回語讀如 "budza"，意即「甜酒」，卷一二一作「不租」，係河名。阿勒錦，滿洲語讀如 "algin"，意即「名譽」，卷一二一作「阿里吉」，係河名。托里實克，蒙古語讀如 "toli sik"，意即「鏡相似」，卷一二一作「禿里思哥」，係城名。哈扎爾，蒙古語讀如 "hajar"，意即「彎」，卷一二一作「哈匝里」，係山名。

塔納，蒙古語讀如 "tana"，意即「東珠」，卷一二一作「禿納」，係河名。瑪察克，蒙古語讀如 "macak"，意即「吃齋」，卷一二一作「馬茶」，係城名。達實，唐古特語讀如 "dasi"，意即「吉祥」，卷一二一作「點西」，係嶺名。哈喇沁，蒙古語讀如 "haracin"，意即「瞭望人」，卷一二一作「哈剌真」。索隆噶，蒙古語讀如 "solongga"，意即「虹」，卷一二二作「薛靈哥」，係水名。伯哩伯哩特，蒙古語讀如 "beri berit"，意即「眾婦另居」，卷一二二作「別力跛力答」。呼圖哩哈達，滿洲語讀如 "hūturi hada"，意即「福山峰」，卷一二二作「胡力答

哈」，係山名。阿珠，蒙古語讀如 "aju" ，意即「住」，
卷一二二作「阿朮」，係河名。鄂端哈錫哈，蒙古語讀如
"odon hasiha" ，意即「星勇」，卷一二二作「兀敦甲石
哈」。實奇，梵語讀如 "šiki" ，意即「頂髻」，卷一二二
作「斜巨」，係山名。烏蘇木奇，回語讀如 "usumki" ，意
即「散落住處」，卷一二二作「阿速滅怯思」，係城名。德
濟鄂爾多，蒙古語讀如 "deji ordo" ，意即「上分亭」，卷
一二二作「迭只斡耳朵」。阿爾台，蒙古語讀如 "artai" ，
意即「有花紋」，卷一二三作「阿帶」。伊拉袞，蒙古語讀
如 "ilagūn" ，意即「勝」，卷一二三作「亦兒渾」。哈喇
哈扎爾，蒙古語讀如 "hara hajar" ，意即「黑色彎」，卷一
二三作「合剌合察兒」。

　　巴鄂爾，唐古特語讀如 "ba or" ，意即「勇」，卷一
二三作「八瓦耳」。巴克實，蒙古語讀如 "baksi" ，意即
「師」，卷一二三作「拔沙」，係河名。納古爾和斯，蒙
古語讀如 "nagūr hos" ，意即「池雙」，卷一二三作「納
火石」。哈喇茂，蒙古語讀如 "hara moo" ，意即「黑
色不善」，卷一二三作「哈兒馬某」。阿努，梵語讀如
"anu" ，意即「無上」，卷一二三作「阿奴」。卓巴勒，
蒙古語讀如 "jobal" ，意即「勞」，卷一二四作「只必
勒」。蘇爾圖，蒙古語讀如 "surtu" ，意即「有威」，卷一
二五作「撒兒都」。濟蘭台，蒙古語讀如 "jirantai" ，意即
「有六十」，卷一二六作「只蘭禿」。鄂勒歡，滿洲語讀如
"olhon" ，意即「乾」，卷一二七作「斡魯歡」，卷一三
二作「斡爾罕」，係河名。額森呼圖克，蒙古語讀如 "esen
hūtuk" ，意即「平安福」，卷一二七作「阿撒忽禿」，係

嶺名。巴奇爾，蒙古語讀如"bakir"，意即「河身」，卷一二七作「別竭兒」。哲琳，滿洲語讀如"jerin"，意即「邊沿」，卷一二八作「折連」，係川名。伊埒巴爾，蒙古語讀如"ile bar"，意即「明顯虎」，卷一二八作「玉里伯里」，係山名。斡琿，滿洲語讀如"wahūn"，意即「臭」，卷一二八作「斡歡」，係河名。博恰，蒙古語讀如"bokiya"，意即「笨」，卷一二八作「孛怯」，係嶺名。烏爾呼，滿洲語讀如"urhu"，意即「偏」，卷一二八作「兀魯灰」，係河名。罕達該，蒙古語讀如"handagai"，意即「麔」，卷一二八作「漢塔海」。

　　伊嚕哈斯，蒙古語讀如"iru has"，意即「尋常玉」，卷一二八作「玉龍罕」。巴林，蒙古語讀如"barin"，扎薩克地名，卷一二八作「八鄰」。達嚕噶，蒙古語讀如"daruga"，意即「頭目」，卷一二八作「答魯忽」，係河名。和囉噶圖，蒙古語讀如"horogatu"，意即「有院」，卷一二八作「火兒哈禿」，卷一三二作「懷魯哈都」。庫克，蒙古語讀如"kuke"，意即「青色」，卷一二八作「闊客」。特濟根，蒙古語讀如"tejigen"，意即「養育」，卷一二八作「鐵堅古」，係山名。齊納克實，蒙古語讀如"cinaksi"，意即「那邊」，卷一二八作「赤訥思」。袞穆蘇，蒙古語讀如"gun mūsu"，意即「深冰」，卷一二八作「渾麻出」，係海名。伊特格庫默色，蒙古語讀如"itegeku mese"，意即「依靠器械」，卷一二八作「亦忒海迷失」。齊默根，蒙古語讀如"cimegen"，意即「聲音」，卷一二八作「赤麥干」。齋爾，蒙古語讀如"jair"，新疆地名，卷一二八作「扎亦兒」。穆爾布延布拉克，蒙古語

讀如"mur buyan bulak"，意即「踪跡福泉」，卷一二九
作「末黎伯顏孛剌」。烏訥爾，蒙古語讀如"uner"，卷
一二九作「兀納剌」。錫爾哈溫徹亨，滿洲語讀如"sirga
uncehen"，意即「銀合馬尾」，卷一三一作「旭哥爾溫稱
海」。扎拉台，蒙古語讀如"jalatai"，意即「有帽纓」，
卷一三一作「扎剌台」。和爾阿喇勒，蒙古語讀如"hoor
aral"，意即「毒水中島」，卷一三一作「忽爾阿剌」，
係河名。扎爾瑪圖，蒙古語讀如"jarmatu"，意即「有小
魚」，卷一三一作「扎剌馬禿」，係河名。

孟克，蒙古語讀如"mūngke"，意即「經常之經」，
卷一三一作「夢哥」，卷一五四作「蒙可」，係山名。特默
哈必爾噶，蒙古語讀如"teme habirga"，意即「駝肋」，
卷一三一作「帖麥哈必兒哈」。明安鄂倫，滿洲語讀如
"minggan olon"，意即「千肚帶」，卷一三一作「明安
倫」，係城名。呼蘭伊爾，蒙古語讀如"hūran ir"，意即
「集聚鋒刃」，卷一三一作「忽蘭葉兒」。特爾勤，滿洲語
讀如"terkin"，意即「臺堦」，卷一三一作「帖里揭」。
巴朗，蒙古語讀如"barang"，意即「遺矢小兒」，卷一
三一作「霸郎見」。納古爾，蒙古語讀如"nagūr"，意即
「池」，卷一三一作「納兀」，卷一五四作「那兀」，係江
名。浩里，蒙古語讀如"haoli"，意即「例」，卷一三一作
「濠來」。沁，唐古特語讀如"cin"，意即「大」，卷一三
一作「陳」，係河名。蘇瑪勒圖，蒙古語讀如"sumaltu"，
意即「有小囊」，卷一三二作「失木里禿」，卷一三四作
「失畝里禿」。雅里，滿洲語讀如"yali"，意即「肉」，
卷一三二作「押里」。額哩頁，蒙古語讀如"eriye"，意即

「花紋」，卷一三二作「阿剌牙」。伊拉袞綽和爾，蒙古語讀如 "ilagūn cohor"，意即「勝豹花馬」，卷一三二作「亦里渾察罕兒」。伊綿，滿洲語讀如 "imiyan"，意即「集聚」，卷一三二作「亦迷」。布爾古特巴爾達噶，蒙古語讀如 "burgut bardaga"，意即「鵰儘足」，卷一三二作「不里古都伯塔哈」。

　　實勒們，滿洲語讀如 "silmen"，意即「鸇」，卷一三二作「失列門」，卷一三五作「昔烈木」。茂諾海，蒙古語讀如 "moo nohai"，意即「惡劣犬」，卷一三二作「滅捏該」。奇凌，蒙古語讀如 "kiling"，意即「怒氣」，卷一三二作「曲連」，係江名。伊伯格勒實巴爾，蒙古語讀如 "ibegel sibar"，意即「保佑泥」，卷一三二作「亦必兒矢必兒」。實喇烏蘇，蒙古語讀如 "sira usu"，意即「桃花水」，卷一三二作「撒剌思」，係河名。塔塔喇岱，蒙古語讀如 "tataradai"，意即「有潮消」，卷一三二作「答答里帶」。穆格爾蘇，蒙古語讀如 "mūgersu"，意即「脆骨」，卷一三二作「麥各思」，係城名。實喇婁，蒙古語讀如 "sira luo"，意即「黃龍」，卷一三三作「匣剌魯」。達勒達岱，蒙古語讀如 "daldadai"，意即「有隱僻處」，卷一三三作「答答帶」。布琳塔爾哈納，蒙古語讀如 "burin tarhana"，意即「全使散」，卷一三三作「不倫答兒哈納」。克爾叟，蒙古語讀如 "kerseo"，意即「滑透人」，卷一三三作「克流速」。布爾噶，滿洲語讀如 "burga"，意即「叢柳」，卷一三三作「不魯合」。博勒卓，滿洲語讀如 "boljo"，意即「約」，卷一三三作「不周兀」。實保圖，蒙古語讀如 "sibaotu"，意即「有禽鳥」，卷一三三作

「石巴禿」。哈喇和琳，蒙古語讀如“hara horin”，意即「黑色二十」，卷一三三作「哈剌火林」。

古魯，滿洲語讀如“gulu”，意即「素」，卷一三四作「坤閭」，係城名。佛哩，滿洲語讀如“fori”，意即「擊」，又作「捶打」，卷一三四作「佛林」，又作「拂林」。布爾罕呼爾敦，蒙古語讀如“burhan hūrdun”，意即「佛急快」，卷一三四作「不哩罕哈里敦」。扎哈尼嚕古，蒙古語讀如“jaha nirugū”，意即「疆界山梁」，卷一三四作「鎮海你里渾」。蘇布特濟，蒙古語讀如“subutci”，意即「帶珍珠人」，卷一三五作「鏁寶直」。齊齊克齊拉衮，蒙古語讀如“cicik cilagūn”，意即「花石」，卷一三五作「揭只揭烈溫」。巴實伯里哈實，回語「巴實」讀如“baši”，意即「頭」，「伯里」讀如“beli”，意即「腰」，「哈實」讀如“haši”，意即「玉」，卷一三五作「別失八剌哈孫」。昂吉實保齊，蒙古語「昂吉」讀如“anggi”，意即「隊伍」，「實保齊」讀如“sibaoci”，意即「養禽鳥人」，卷一三五作「汪吉普博赤」，係城名。圖嚕古實，蒙古語「圖嚕」讀如“turu”，意即「頭目」，「古實」讀如“guši”，意即「繙經人」，卷一三五作「禿兒古闍」。托博，蒙古語讀如“tobo”，意即「高阜」，卷一三五作「脫別」。呼蘭烏遜，蒙古語讀如“hūran usun”，意即「集聚水」，卷一三五作「忽蘭兀孫」。博囉塔拉，蒙古語讀如“boro tala”，新疆地名，卷一三五作「博落脫兒」。實喇塔拉默色，蒙古語讀如“sira tala mese”，意即「黃色曠野器械」，卷一三五作「失剌塔兒馬失」。

　　阿爾婁，蒙古語讀如“ar luo”，意即「花紋龍」。翁果察，蒙古語讀如“onggoca”，意即「船」，卷一三八作「旺古察」。徹伯爾，蒙古語讀如“ceber”，意即「潔淨」，卷一三八作「察八兒」，卷一八〇作「出布兒」，係城名。塔勒謙，滿洲語讀如“talkiyan”，意即「電」，卷一三八作「帖列堅」。楚徹特穆爾，蒙古語讀如“cuce temur”，意即「鑿鐵」，卷一三八作「闖闖帖木兒」。薩克蘇，蒙古語讀如“saksu”，意即「簍」，卷一三八作「撒恩」。伯頁，蒙古語讀如“beye”，意即「身」，卷一四三作「白野」，係山名。布朗吉爾，蒙古語讀如“bulanggir”，意即「濁」，卷一四四作「卜領勒」。德濟諾爾，蒙古語讀如“deji noor”，意即「上分池」，卷一四九作「迪吉腦兒」。阿勒坦巴圖罕，蒙古語讀如“altan batuhan”，意即「金微結實」，卷一四九作「按坦孛都罕」。阿勒楚爾，蒙古語讀如“alcur”，意即「手巾」，卷一四九作「阿里湫」，係城名。綽滿，滿洲語讀如“coman”，意即「大酒盃」，卷一四九作「抄馬」。鄂爾多，蒙古語讀如“ordo”，意即「亭」，卷一四九作「訛夷朵」，係城名。丕實南，回語讀如“pišinan”，意即「餅餌之熟者」，卷一四九作「別失蘭」。呼展，蒙古語讀如“hūjan”，回城名，卷一四九作「忽章」，係河名。瑪勒，蒙古語讀如“mal”，意即「牲畜」，卷一四九作「馬里」，係城名。

　　庫色勒伯頁，蒙古語讀如“kusel beye”，意即「欲身」，卷一四九作「乞則里八葉」，係海名。奇塔卜，回語讀如“kitab”，意即「書」，卷一四九作「乞都卜」，係

城名。阿勒鼎，蒙古語讀如"aldin"，回城名，卷一四九作「阿剌汀」。達巴，蒙古語讀如"daba"，意即「嶺」，卷一四九作「大房」。密實勒，蒙古語讀如"mišil"，意即「回草名」，卷一四九作「密昔兒」。實喇斯，蒙古語讀如"siras"，意即「黃色」，卷一四九作「石羅子」。布圖，滿洲語讀如"butu"，意即「幽隱」，卷一四九作「賓鐵」。烏林，滿洲語讀如"ulin"，意即「財」，卷一四九作「兀林」。奇勒揚，回語讀如"kilyang"，意即「礦石」，卷一四九作「乞里彎」。布敦，蒙古語讀如"budun"，意即「粗」，卷一五〇作「辨屯」，係河名。哈達圖，蒙古語讀如"hadatu"，意即「有山峰」，卷一五〇作「哈丹禿」。松鄂圖，滿洲語讀如"songgotu"，意即「好啼小兒」，卷一五〇作「宿瓮都」。經實，滿洲語讀如"gingsi"，意即「呻吟」，卷一五三作「縉山」。伊瑪，蒙古語讀如"ima"，意即「山羊」，卷一五三作「闔漫」，係山名。圖埒，滿洲語讀如"tule"，意即「外」，卷一五四作「脫剌」。薩里圖嚕，蒙古語讀如"sali turu"，意即「地弩頭目」，卷一五四作「撒里禿魯」。扎穆爾圖，蒙古語讀如"jamurtu"，意即「有茨蘑果」，卷一五四作「札剌麻禿」。瑪古布拉克，蒙古語讀如"magū bulak"，意即「不善泉」，卷一五四作「木骨不剌」。

烏珠，滿洲語讀如"uju"，意即「頭」，卷一五四作「兀尤」，係站名。塔瑪噶，蒙古語讀如"tamaga"，意即「印」，卷一五四作「貼滿哈」。蒙果勒徹爾，蒙古語讀如"monggol cer"，意即「蒙古潔淨」，卷一五四作「木骨兒抄剌」。果勒，蒙古語讀如"gool"，意即「河」，卷一五

四作「貴列」，係河名。察楚克，蒙古語讀如"cacuk"，意即「穗」，卷一五四作「禪春」，卷一六六作「纏春」。吹巴爾，唐古特語讀如"coi bar"，意即「廣法」，卷一五四作「摻八里」。揚羅，唐古特語讀如"yanglu"，意即「寬智慧」，卷一五四作「訪邏」。齊拉袞，蒙古語讀如"cilagūn"，意即「石」，卷一五八作「赤老溫」，係山名。哈納和實袞，蒙古語讀如"hana hosigūn"，意即「氈廬牆山岡盡處」，卷一六二作「合納忽石溫」。奇爾瑪勒，蒙古語讀如"kir mal"，意即「斑點牲畜」，卷一六二作「怯里瑪」。哈喇和琳鴻和爾，蒙古語讀如"hara horin honghor"，意即「黑色二十黃馬」，卷一六二作「哈剌和林晃兀兒」。烏蘇，蒙古語讀如"usu"，意即「水」，卷一六五作「兀速」，係水名。伊圖，滿洲語讀如"itu"，意即「半翅」，卷一六六作「亦脫」，係山名。阿納爾圖，蒙古語讀如"anartu"，意即「有石榴」，卷一六六作「阿納脫阿」，係河名。珠嚕海，蒙古語讀如"juruhai"，意即「算法」，卷一六七作「菊海」。

　巴爾布拉克，蒙古語讀如"bar bulak"，意即「虎泉」，卷一六九作「八兒不剌」。薩哈，滿洲語讀如"saha"，意即「小圍」，卷一七四作「撒曷」，係水名。瑪納斯，蒙古語讀如"manas"，意即「巡邏」，卷一八〇作「馬納思」，係河名。呼濟爾，蒙古語讀如"hūjir"，意即「鹻」，卷一八〇作「忽只兒」。葉美里，蒙古語讀如"yemeili"，回地名，卷一八〇作「葉密里」，係城名。巴爾薩里，蒙古語讀如"bar sali"，意即「虎地弩」，卷一八〇作「孛劣撒里」。哈招沙，蒙古語讀如

"hajao ša"，意即「旁邊山後樹林」，卷一八〇作「換扎孫」。布拉，滿洲語讀如 "bula"，意即「荊棘」，卷一八〇作「不剌」，係城名。扎拉，蒙古語讀如 "jala"，意即「帽纓」，卷一八〇作「澤剌」，係山名。伊伊斯康，蒙古語讀如 "iisk'ang"，回地名，卷一八〇作「亦思寬」。和木巴實，回語讀如 "hombaši"，意即「河源有沙」，卷一八〇作「渾八升」，係城名。阿提巴實，蒙古語讀如 "atibaši"，回地名，卷一八〇作「阿體八升」，係山名。庫克新，蒙古語讀如 "kuksin"，意即「老」，卷一八〇作「苦先」，係城名。齊訥格台，蒙古語讀如 "cinegetai"，意即「有能幹」，卷一八〇作「察納兒台」。索隆噶台，蒙古語讀如 "solonggatai"，意即「有虹」，卷一九六作「肅良合台」。托果斯塔瑪，蒙古語讀如 "togos tama"，意即「孔雀行圍收合」，卷二〇二作「突甘斯旦麻」。茂薩里，蒙古語讀如 "moo sali"，意即「不善地弩」，卷二〇三作「木發里」，係西域地名。

　　表中地理含河名、地名、山名、海名、城名、嶺名、水名、川名、江名、站名等，其中伯爾克圖（berketu），意即「險處」。摩該圖（mogaitu），意即「有蛇」。溫都爾肯（ūndurken），意即「微高」。塔拉諾爾（tala noor），意即「曠野池」。山名松吉納圖（sungginatu），意即「有蔥之處」。溫都爾華（ūndur hūwa），意即「高無樹之山坡」。河名安圖（antu），意即「山陽」。阿爾察圖（arcatu），意即「有松柏枝」。扎哈（jaha），意即「疆界」。圖滿（tuman），意即「霧」，山名圖滿，或指此山有霧。烏蘇木奇（usumki），係城名，意即「散落住

處」。納古爾和斯（magūr hos），意即「雙池」。川名哲琳（jerin），意即「邊沿」。河名扎爾瑪圖（jermatu），意即「有小魚」。達勒達岱（daldadai），意即「有隱僻處」。實保圖（sibaotu），意即「有禽鳥」。城名實保齊（sibaoci），意即「養禽鳥人」。托博（tobo），意即「高阜」。扎穆爾圖（jamurtu），意即「有茨藜果」。果勒（gool），意即「河」。水名烏蘇（usu），意即「水」。阿納爾圖（anartu），意即「有石榴」，阿納爾圖係河名，或因沿河產石榴而得名。巴爾（bar），意即「虎」，巴爾布拉克（bar bulak），意即「虎泉」。布拉（bula），意即「荊刺」，城名布拉（bula），或因荊刺而得名。和木巴實（hombaši），意即「河源有沙」，城名和木巴實（hombaši），或因河源有沙而得名。

　　回地命名，多與宗教信仰有關。表中莽賚音蘇密爾（manglai yen sumir），意即「第一須彌山」。達實（dasi），意即「吉祥」，嶺名達實（dasi），即以「吉祥」命名。阿努（anu），梵語意即「無上」。嶺名額森呼圖克（esen hūtuk），意即「平安福」。布爾罕（burhan），意即「佛」。古實（guši），意即「繙經人」。吹巴爾（coi bar），意即「廣法」。

　　地理表中含各種動物牲畜，其中特默（teme），意即「駝」。婁（luo），意即「龍」。摩哩（mori），意即「馬」。巴爾（bar），意即「虎」。罕達該（handagai），意即「麈」。糖紅馬（sirga），又作「銀合馬」，又作「驦」。綽和爾（cohor），意即「豹花馬」。諾海（nohai），意即「犬」。伊瑪（ima），意即「山羊」。

托果斯（togos），意即「孔雀」。布爾古特（burgut），意即「鵰」。實勒們（silmen），意即「鸇」。齊諾斡（cinowa），意即「狼」。噶老（galao），意即「鵝」。伯資巴里（bedzibali），意即「鯖魚」等，對研究地理生態環境，確實提供重要資料。

欽定元史語解卷八

擬元以蒙古語為本語解內但釋
解義概不複注蒙古語其中姓氏
地名官名人名無解義者俱以蒙
古源流考今地名八旗姓氏通譜
官名改字
面訂之

職官

按元太祖命劉秉忠許衡定內外之官而官名
多從古制今考百官志如扎爾古齊達嚕噶齊
以下從蒙古語者不過數員而扎爾呼拉克齊和
爾齊等祚催侍衛供奉之職故但依卷編次不
分統
屬焉

阿達嚕　阿噶　伊蘇

欽定四庫全書
欽定元史語解　卷八
一

達嚕噶齊
頭目也卷一
作達魯花赤

八、《欽定元史語解》職官

　　元以蒙古語為本，語解內但釋解義，不複注蒙古語，其中官名無解義者，則改字面訂之。元官名多從古制，語解內官名，俱依卷編次，不分統屬。語解官名含主酒者、主膳者、司闍者、主渾者、戶郎、侍衛者、掌服御者、佩刀者、奏樂官、佩囊鞬侍左右者、各衛屬吏、捕盜者、主鷹隼者、典車馬者、管盜賊者、翰林官等。

《欽定元史語解》職官，滿漢對照表

順次	滿洲語	漢　字	羅馬拼音	詞　義
1		達嚕噶齊	darugaci	蒙古語，頭目
2		諳達	anda	蒙古語，夥伴
3		筆且齊	biciyeci	蒙古語，寫字人
4		扎爾古齊	jargūci	蒙古語，斷事人

順次	滿洲語	漢　字	羅馬拼音	詞　義
5		托克托 和　斯	tokto hos	蒙古語， 定雙
6		達喇齊	daraci	蒙古語， 掌酒人
7		博囉齊	boroci	蒙古語， 厨官
8		阿都齊	aduci	蒙古語， 牧馬人
9		和尼齊	honici	蒙古語， 牧羊人
10		巴　喇 噶　齊	baragaci	蒙古語， 管理什物人
11		哈喇齊	haraci	蒙古語， 瞭望人
12		實保齊	sibaoci	蒙古語， 養禽鳥人
13		貴　齊	guici	蒙古語， 善跑人

順次	滿洲語	漢　字	羅馬拼音	詞　義
14		諤德齊	ūdeci	蒙古語，司門人
15		伯　克	bek	蒙古語，回官名
16		托爾齊	toorci	蒙古語，司網人
17		庫特齊	kuteci	蒙古語，跟役
18		舒庫爾齊	šukurci	蒙古語，掌繖人
19		伊克扎爾古齊	ike jargūci	蒙古語，大斷事人
20		博克遜	būkesun	蒙古語，結實
21		扎哈齊	jahaci	蒙古語，守邊人

順次	滿洲語	漢　字	羅馬拼音	詞　義
22		巴噶　勒遜	balgasun	蒙古語，城
23		哈資　和卓	hadz hojo	蒙古語，官名美
24		托和齊	togoci	蒙古語，司釜人
25		敖拉齊	aolaci	蒙古語，司山人
26		伊都　勒齊	ilduci	蒙古語，佩腰刀人
27		推　勒齊哩克	tuil cirik	蒙古語，極兵
28		鄂博克	obok	蒙古語，姓
29		圖烈齊	tuliyeci	蒙古語，司柴人

順次	滿洲語	漢　字	羅馬拼音	詞　義
30		都呼齊	dureci	蒙古語，鐙司事人
31		浩爾齊	hoorci	蒙古語，吹口琴人
32		圖魯格	tuluge	蒙古語，代替
33		和爾齊	horci	蒙古語，司箭壺人
34		巴哩巴	bariba	蒙古語，執
35		克埒穆爾齊	kelemurci	蒙古語，通事
36		哈瑪爾	hamar	蒙古語，行圍前引人
37		濟爾噶呼	jirgahū	蒙古語，安逸
38		展齊	janci	蒙古語，司象人
39		鄂囉齊	oroci	蒙古語，司缺人

順次	滿洲語	漢　字	羅馬拼音	詞　義
40		威埒齊	uileci	蒙古語，作工人
41		桑　齊	sangci	蒙古語，管倉人
42		努克圖齊	nutukci	蒙古語，管理籍貫人
43		呼干拉齊	hūlganci	蒙古語，捕盜人
44		伊蘇岱爾	isu dair	蒙古語，九牡鹿
45		色勒必	selbi	滿洲語，槳
46		章　吉	janggi	蒙古語，文武參佐
47		齊哩克齊	cirikci	蒙古語，當兵人
48		扎爾拉克齊	jarlakci	蒙古語，宣布官

順次	滿洲語	漢　字	羅馬拼音	詞　義
49		烏拉齊	ulaci	蒙古語，司驛站人
50		摩哩齊	morici	蒙古語，司馬人
51		昂吉	anggi	蒙古語，隊伍
52		阿巴拉齊	abalaci	蒙古語，管圍人
53		鄂克托齊	otokci	蒙古語，司部屬人
54		果勒齊	goolci	蒙古語，司河人
55		毃齊	geoci	蒙古語，司牝馬人
56		伊爾各齊	irgeci	蒙古語，司騸羊人
57		珠嚕海齊	juruhaici	蒙古語，善算人

順次	滿洲語	漢　字	羅馬拼音	詞　義
58		烏格 訥齊	unegeci	蒙古語，捕狐人
59		伊瑪齊	imaci	蒙古語，司山羊人
60		阿噶 雅齊	ayagaci	蒙古語，執碗人
61		沙布鼎	šabudin	蒙古語，回人名
62		穌拉	sula	蒙古語，散秩
63		齊喇	cira	滿洲語，嚴
64		實喇 卜沁	sirab cin	唐古特語，智慧大
65		扎古 薩遜	jasagūsun	蒙古語，掌班序官
66		扎呼	jahū	蒙古語，指示

順次	滿洲語	漢　字	羅馬拼音	詞　義
67		和塔齊	hotaci	蒙古語，司城人
68		賽音諤德齊	sain ūdeci	蒙古語，好精壯人
69		托噶阿古齊	toga agūci	蒙古語，數目寬闊
70		烏嚕諤齊	uru ūci	回語，大臣
71		阿塔	ata	回語，長者
72		扎薩繖	jasasan	蒙古語，治
73		扎薩克和碩	jasak hošoo	蒙古語，政治旗分

順次	滿洲語	漢　字	羅馬拼音	詞　義
74		穆　昆	mukūn	滿洲語，族
75		諾　延	noyan	蒙古語，官長
76		伊　克諾　延	ike noyan	蒙古語，大官長
77		扎　拉布　哈	jala buha	蒙古語，帽纓牤牛
78		實古爾筆且齊	sigur biciyeci	蒙古語，繕寫字人
79		扎爾里克齊	jarlikci	蒙古語，旨司事人

資料來源：《欽定四庫全書》，「史部」，《欽定元史語解》，
　　卷八。

　　《欽定元史語解‧職官》表中達嚕噶齊，蒙古語讀
如“darugaci”，意即「頭目」，卷一作「達魯花赤」。
諳達，蒙古語讀如“anda”，意即「夥伴」，卷一作
「按答」，卷一二一作「按達」。筆且齊，蒙古語讀如

"biciyeci"，意即「寫字人」，卷三作「必闍赤」。扎爾古齊，蒙古語讀如 "jargūci"，意即「斷事人」，卷三作「扎魯花赤」，卷七作「扎魯忽赤」，卷十七作「扎魯火赤」，係斷事官。托克托和斯，蒙古語「托克托」讀如 "tokto"，意即「定」，「和斯」讀如 "hos"，意即「雙」，卷七作「脫脫禾孫」。達喇齊，蒙古語讀如 "daraci"，意即「掌酒人」，卷十作「答剌赤」，卷十一作「塔兒赤」，卷十七作「塔剌赤」，卷三十四作「答剌斥」，係主酒者。博囉齊，蒙古語讀如 "boroci"，意即「厨官」，卷十作「博兒赤」，卷十八作「博而赤」，卷九十九作「博爾赤」，卷一三四作「寶兒赤」，係主膳者。阿都齊，蒙古語讀如 "aduci"，意即「牧馬人」，卷十作「阿答赤」，卷八十一作「阿塔赤」。

和尼齊，蒙古語讀如 "honici"，意即「牧羊人」，卷十一作「火尼赤」。巴喇噶齊，蒙古語讀如 "baragaci"，意即「管理什物人」，卷十一作「八剌合」，係司闇者。哈喇齊，蒙古語讀如 "haraci"，意即「瞭望人」，卷十三作「合剌赤」，卷三十四作「哈赤」，卷八十作「郃剌赤」，卷九十八作「哈剌赤」，係主渾者。實保齊，蒙古語讀如 "sibaoci"，意即「養禽鳥人」，卷十三作「昔寶赤」，係鷹人。貴齊，蒙古語讀如 "guici"，意即「善跑人」，卷十三作「貴由赤」。諤德齊，蒙古語讀如 "ūdeci"，意即「司門人」，卷十七作「玉典赤」，卷一〇〇作「玉提赤」，係戶郎。伯克，蒙古語讀如 "bek"，回官名，卷十七作「孛可」。托爾齊，蒙古語讀如 "toorci"，意即「司網人」，卷十七作「脫兒赤」。庫特齊，蒙古語讀如 "kuteci"，

意即「跟役人」，卷十七作「闊篆赤」，卷一七五作「闊端赤」，係侍衛者。舒庫爾齊，蒙古語讀如"šukurci"，意即「掌繖人」，卷十九作「速古而赤」，卷八十作「速古兒赤」，係掌服御者。伊克扎爾古齊，蒙古語讀如"ike jargūci"，意即「大斷事人」，卷二十一作「也可札魯忽赤」，卷一三四作「也可札魯花赤」。博克遜，蒙古語讀如"būkesun"，意即「結實」，卷二十一作「孛可孫」。扎哈齊，蒙古語讀如"jahaci"，意即「守邊人」，卷二十四作「只合赤」，卷八十四作「只哈赤」。巴勒噶遜，蒙古語讀如"balgasun"，意即「城」，卷二十四作「八剌合孫」。

　　哈資和卓，蒙古語讀如"hadz hojo"，"hadz"，意即「回部官名」，"hojo"，意即「回語美稱」，卷二十九作「哈讚忽咱」。托和齊，蒙古語讀如"togoci"，意即「司釜人」，卷三十九作「脫火赤」。敖拉齊，蒙古語讀如"aolaci"，意即「司山人」，卷四十三作「奧剌赤」。伊勒都齊，蒙古語讀如"ilduci"，意即「佩腰刀人」，卷四十三作「云都赤」，卷八十作「溫都赤」，係佩刀者。推勒齊哩克，蒙古語讀如"tuil cirik"，意即「極兵」，卷四十三作「禿兒怯里」。鄂博克，蒙古語讀如"obok"，意即「姓」，卷四十三作「兀孛可」。圖烈齊，蒙古語讀如"tuliyeci"，意即「司柴人」，卷四十三作「朵憐赤」。都呼齊，蒙古語讀如"dureci"，意即「鐙司事人」，卷四十四作「篤憐赤」。浩爾齊，蒙古語讀如"hoorci"，意即「吹口琴人」，卷四十五作「虎林赤」，卷九十九作「虎兒赤」，係奏樂官。圖魯格，蒙古語讀如"tuluge"，意即

「代替」，卷八十作「覩魯花質子」。和爾齊，蒙古語讀如
"horci"，意即「司箭壺人」，卷八十作「火兒赤」，卷
九十九作「火爾赤」，係佩櫜鞬侍左右者。巴哩巴，蒙古
語讀如 "bariba"，意即「執」，卷八十二作「本把」，係
雜職。克埒穆爾齊，蒙古語讀如 "kekemurci"，意即「通
事」，卷八十三作「怯里馬赤」，係各衛屬吏。哈瑪爾，
蒙古語讀如 "hamar"，意即「行圍前引人」，卷八十四作
「哈迷」。濟爾噶呼，蒙古語讀如 "jirgahū"，意即「安
逸」，卷八十四作「只兒哈忽」。

　　展齊，蒙古語讀如 "janci"，意即「司象人」，卷八
十五作「站赤」。鄂囉齊，蒙古語讀如 "oroci"，意即
「司缺人」，卷八十六作「奧魯赤」。威埒齊，蒙古語讀
如 "uileci"，意即「作工人」，卷八十八作「玉列赤」。
桑齊，蒙古語讀如 "sangci"，意即「管倉人」，卷八十
九作「倉赤」。努圖克齊，蒙古語讀如 "nutukci"，意即
「管理籍貫人」，卷九十作「奴都赤」，卷一〇〇作「奴
禿赤」。呼拉干齊，蒙古語讀如 "hūlaganci"，意即「捕
盜人」，卷九十二作「忽剌罕赤」，卷一〇〇作「忽里哈
赤」，係捕盜者。伊蘇岱爾，蒙古語讀如 "isu dair"，意即
「九牡鹿」，卷九十三作「也速觲兒」。色勒必，滿洲語讀
如 "selbi"，意即「槳」，卷九十五作「闍里必」。章京，
蒙古語讀如 "janggi"，意即「文武參佐」，卷九十八作
「札也」。齊哩克齊，蒙古語讀如 "cirikci"，意即「當兵
人」，卷九十九作「怯憐赤」，係主鷹隼者。扎爾拉克齊，
蒙古語讀如 "jarlakci"，意即「宣布官」，卷九十九作「扎
里赤」，係書聖旨者。烏拉齊，蒙古語讀如 "ulaci"，意即

「司驛站人」，卷九十九作「兀剌赤」，係典車馬者。摩哩齊，蒙古語讀如"morici"，意即「司馬人」，卷九十九作「莫倫赤」，係典車馬者。昂吉，蒙古語讀如"anggi"，意即「隊伍」，卷一〇〇作「按赤」。阿巴拉齊，蒙古語讀如"abalaci"，意即「管圍人」，卷一〇〇作「阿八喇哈赤」。鄂托克齊，蒙古語讀如"otokci"，意即「司部屬人」，卷一〇〇作「斡脫忽赤」。

果勒齊，蒙古語讀如"goolci"，意即「司河人」，卷一〇〇作「郭羅赤」。縠齊，蒙古語讀如"geoci"，意即「司牝馬人」，卷一〇〇作「苟赤」。伊爾格齊，蒙古語讀如"irgeci"，意即「司驑羊人」，卷一〇〇作「亦兒哥赤」。珠嚕海齊，蒙古語讀如"juruhaici"，意即「善算人」，卷一〇〇作「拙思牙赤」。烏訥格齊，蒙古語讀如"unegeci"，意即「捕狐人」，卷一〇〇作「兀奴忽赤」。伊瑪齊，蒙古語讀如"imaci"，意即「司山羊人」，卷一〇〇作「亦馬齊」。阿雅噶齊，蒙古語讀如"ayagaci"，意即「執碗人」，卷一〇〇作「愛牙赤」。沙布鼎，蒙古語讀如"šabudin"，回人名，卷一〇一作「沙不丁」。蘇拉，蒙古語讀如"sula"，意即「散秩」，卷一〇一作「曳剌」。齊喇，滿洲語讀如"cira"，意即「嚴」，卷一〇一作「怯烈」，係管盜賊者。實喇卜沁，唐古特語讀如"sirabcin"，意即「大智慧」，卷一二一作「舍兒別赤」。扎薩古遜，蒙古語讀如"jasagūsun"，意即「掌班序官」，卷一二三作「札繖兀孫」。扎呼，蒙古語讀如"jahū"，意即「指示」，卷一二六作「家古」。和塔齊，蒙古語讀如"hotaci"，意即「司城人」，卷一二九作「火都赤」。賽

音諤德齊，蒙古語讀如 "sain ūdeci" ，意即「好精壯人」，卷一三一作「賽典赤」。托噶阿古齊，蒙古語讀如 "toga agūci" ，意即「數目寬闊」，卷一三三作「探花愛忽赤」。

烏嚕諤齊，蒙古語讀如 "uru ūci" ，意即「回語大臣」，卷一三四作「吾魯愛兀赤」。阿塔，回語讀如 "ata" ，意即「長者」，卷一三四作「阿大」。扎薩繖，蒙古語讀如 "jasasan" ，意即「治」，卷三四作「札撒孫」。扎薩克和碩，蒙古語「扎薩克」讀如 "jasak" ，意即「政治」，「和碩」讀如 "hošoo" ，意即「旗分」，卷一四四作「扎撒火孫」，係集賽官。穆昆，滿洲語讀如 "mukūn" ，意即「族」，卷一四九作「謀克」，係金官名。諾延，蒙古語讀如 "noyan" ，意即「官長」，卷一四九作「那顏」。伊克諾延，蒙古語讀如 "ike noyan" ，意即「大官長」，卷一四九作「也可那延」。扎拉布哈，蒙古語讀如 "jala buha" ，意即「帽纓牡牛」，卷一五〇作「扎剌不花」。實古爾筆且齊，蒙古語讀如 "sigur biciyeci" ，意即「箒寫字人」，卷一八〇作「速古爾必闍赤」。扎爾里克齊，蒙古語「扎爾里克」，意即「旨」，「齊」，意即「司事人」，讀如 "jarlikci" ，卷一九二作「扎爾里赤」，係翰林官。

《欽定元史語解》指出，元太祖命劉秉忠、許衡定內外之官，而官名多從古制。《元史・百官志》如扎爾古齊、達嚕噶齊以下從蒙古語者，不過數員，而扎爾拉克齊、和爾齊等，亦僅侍衛供奉之職，故語解但依卷編次，不分統屬。表中職官含頭目、寫字人、斷事人、掌酒人、厨官、牧馬人、牧羊人、管理什物人、瞭望人、養禽鳥人、善跑人、司門

人、司網人、跟役、掌繖人、守邊人、司釜人、司山人、佩腰刀人、司柴人、鐙司事人、吹口琴人、司箭壺人、通事、行圍前引人、司象人、司缺人、作工人、管倉人、管理籍貫人、捕盜人、文武參佐、當兵人、宣布官、司馬人、司驛站人、管圍人、司部屬人、司河人、司牝馬人、司騸羊人、善算人、博狐人、司山羊人、執碗人、散秩、掌班序官、司城人、旨司事人等。其中斷事人即斷事官，掌酒人即主酒者，厨官即主膳者，管理什物人即司闇者，瞭望人即主渾者，養禽鳥人即鷹人，司門人即戶郎，跟役即侍衛者，掌繖人即掌服御者，吹口琴人即奏樂官，當兵人即主鷹隼者，宣布官即書聖旨者，司驛站人即典車馬者，滿洲語「嚴」即管盜賊者，旨司事人即翰林官，對研究元朝政治組織，提供重要資料。